Luisa Muraro

Vom Glück, eine Frau zu sein

Luisa Muraro

Vom Glück, eine Frau zu sein

Aus dem Italienischen übersetzt
von Traudel Sattler

Christel
Göttert
Verlag

Italienische Originalausgabe:
Luisa Muraro, *Non è da tutti. L'indicibile fortuna di nascere donna*,
Rom 2011, © Carocci editore S.p.A.

Die Veröffentlichung der deutschsprachigen Ausgabe ist der Initiative einiger Frauen aus der Schweiz zu verdanken: Bei Gesprächen in der Lektüre- und Diskussions-Gruppe mit Lisa Schmuckli entstand der Wunsch, mehr Texte von Luisa Muraro auf Deutsch zu lesen, und daher die Idee, dieses Buch zu finanzieren. Die Übersetzerin und der Verlag danken den Gönnerinnen herzlich.

Der Dank der Übersetzerin geht auch an die Lektorin Bettina Bremer für ihre Präzisionsarbeit und ihre wertvollen Hinweise.

1. Auflage 2019
Titel: Christine Traiser, Darmstadt, unter Verwendung des Gemäldes *Dienstmagd mit Milchkrug* von Jan Vermeer, 1658 – 1660
Fotos: Veronika Mariaux (auf Seite 145 und Coverrückseite)
Satz: Kerstin Weber, Nauheim

www.christel-goettert-verlag.de

ISBN: 978-3-939623-74-8

Inhaltsverzeichnis

Einleitung
(Irinas Worte)

Dieser Tage – wir sind auf einer Piazza in der Emilia-Romagna – hat eine Frau, die aufgrund der Wirtschaftskrise arbeitslos wurde, eine Rede gehalten,[1] welche unserem großen Dichter Giacomo Leopardi gefallen hätte: eine bodenständige Rede zur heutigen Realität, in einer Sprache voller Wärme und Gefühle, wie sie »den Frauen und Menschen ohne Bildung« gefällt, so formulierte es Leopardi. Das galt ihm als wichtiges Kriterium, denn eben diese Art von Redekunst öffne den Weg für die Lyrik.[2]

Irina Petrescu, die Rednerin – selbst eine Frau und ohne Bildung –, will mit der Rede ihre ZuhörerInnen ermutigen, durchzuhalten und weiterzukämpfen. Der schlimmste Feind sei die Depression, sie nennt sie das »dunkle Leiden«. Gegen dieses Leiden zeigt sie viele Strategien auf, von kleinen Maßnahmen bis hin zur Flucht, doch vor allem die Mobilisierung einer besonderen Kraft, die sie den Frauen zuschreibt:

»Ich bin eine Arbeiterin ohne Arbeit, wir bekommen seit zirka einem Jahr befristeten Lohnausgleich, konkrete Perspektiven sehe ich nicht, der Gewerkschaftskampf wird noch lange dauern, wie lange weiß ich nicht, aber

1 Siehe *Via Dogana* 93, Juni 2010, S. 13-14.
2 Das Zitat von Leopardi ist übernommen aus Novella Bellucci, *»Il gener frale«. Saggi leopardiani*, Venezia 2010, S. 136.

sicher weiß ich, dass diese Krise mich unterkriegen wollte, da habe ich reagiert – ja, ich habe die Kraft rausgezogen, die wir Frauen haben, ich habe mit viel Wut rausgeschrien, dass ich mich nicht fertigmachen lasse, dass ich meine sowieso schon schlechte Gesundheit nicht von der Depression auffressen lasse.«

Dann folgen Vorschläge, Irina setzt sich mit dem Gegner auseinander, sie spricht über sich, macht ironische Bemerkungen, berichtet über das fortdauernde Sit-in vor der geschlossenen Fabrik und von ihrem Beitrag dazu: Wegen der Kälte kann sie nicht lange vor den Fabriktoren bleiben, aber zu Hause backt sie Kuchen und Pizza für ihre Kolleginnen und Kollegen; sie versucht, nicht weinend zu Hause zu sitzen, sie bringt ihnen ihre bescheidenen Gaben und freut sich, wenn sie ihnen schmecken. Dann erklärt sie, dass sie aus einem armen Land kommt, deshalb kennt sie Rezepte, die wenig kosten, und dann legt sie noch zu: »Ich habe Erfahrung, ich habe eine Diktatur erlebt, hier bin ich wieder auf den Barrikaden«. Und sie schließt mit den Worten:

»Ich geh jetzt nach Hause und koche zu Mittag, ich hab euch echt gern, liebe Frauen, zieht den Bison raus, der in uns steckt! [So wörtlich!] Wir sind Frauen, das Glück haben nicht alle.«

Dass es Frauen gibt, ist ein Glück für die Menschheit, aber Frau zu sein ist nicht einfach.

Wenn ich sage, das ist nicht einfach, denke ich nicht nur an ungünstige Umstände wie Armut, Alter, Aussehen, verhinderte Bildung, fehlende Arbeitsplätze, erlittene oder gefürchtete Gewalt. All dies wiegt zwar auch schwer, und es ist bitter festzustellen, dass es viele – zu viele – ungünstige Umstände gibt. Ich will vielmehr sagen, dass Frausein eine an und für sich schwierige conditio humana ist, auch unter den besten Bedingungen. Ob eine arm oder reich, schön oder hässlich, ein kleines Mädchen oder eine alte Frau ist, ob sie gedemütigt oder verehrt wird – es ist nicht einfach. Es war nicht einfach für die göttliche Marilyn Monroe und für keine meiner beiden Großmütter: weder für die unzähmbare Landfrau noch für die Lehrerehefrau mit zwei Söhnen, die im Krieg getötet wurden; es war nicht einfach für die Töchter von Galileo Galilei, die ohne Berufung und ohne Mitgift ins Kloster geschickt wurden, ebenso wenig für Elisabeth, die Tochter von Anne Boleyn, die Königin von England wurde, ebenso wenig für meine Schulkameradin, die einen Mann aus der Fiat-Dynastie heiratete, oder für die Mailänder Dichterin Antonia Pozzi, die dem Leben entsagte, ohne uns zu sagen weshalb, oder für die afghanischen Frauen, zuerst unter den Taliban und dann unter der NATO-Besatzung. Kurzum, ich spreche von der weiblichen conditio humana, die in der Realität sehr präsent, aber in Worten und symbolischen Figuren extrem wenig repräsentiert ist – sie ist sehr präsent und sehr nahe, ja sogar tief innen im Menschsein von uns allen, und vielleicht ist sie gerade deshalb so schwierig zu leben. Ich erinnere mich an meine tiefe Verzweiflung, als ich als ganz junges Mädchen einmal ohnmächtig feststellen musste, dass ich meine beste Freundin nicht trösten konnte, die völlig niedergeschmettert war, weil ein Junge ihr Nein gesagt hatte.

Und dennoch würde ich nicht tauschen wollen: Nie habe ich mir gewünscht, einer von ihnen zu sein, und nie haben mir die fantasievollen Geschichten von Frauen, die zu Männern werden, gefallen. Einige denken vielleicht: Frausein mag ein Glück für die Menschheit sein, aber für viele von uns ist es ein Unglück. Und dennoch sehen wir, dass auch unter schwierigen Umständen eine Stärke nicht verschwindet, sondern manchmal sogar noch größer wird, wie in Irinas Worten: die nicht verleugnete Größe der eigenen Zugehörigkeit zum weiblichen Geschlecht.

Wir können den Mann beneiden, der keine Schwangerschaft riskiert, wir können überzeugt sein, dass wir es besser machen könnten als viele Männer, wenn wir an ihrer Stelle wären, wir können die Taten des einen oder des anderen bewundern und uns heldenhaft bereit fühlen, es ihnen gleichzutun, wie Anita Ribeiro, die sich im Kampf um die Einheit Italiens Giuseppe Garibaldi anschloss. Diese Gefühle sind Ausdruck von Vitalität, sie lassen eine Frau nicht als Geringere erscheinen, ganz im Gegenteil. Aber einer von ihnen werden – lohnt sich das? Dabei ginge uns eine einzigartige, unersetzliche Nähe zum Menschengeschlecht verloren: Dieser Preis ist zu hoch. Damit ginge uns ein Privileg verloren. Da gibt es doch kreativere Lösungen. So habe ich als Heranwachsende, als naive Vorgängerin der Venus Boyz, dieser großen Künstlerinnen der Geschlechtertransformation, mit Hilfe einer Hose und eines Huts auf dem Kopf einige Ungerechtigkeiten wiedergutgemacht, die mir die Weiblichkeit zugefügt hatte.

Aus der Wissenschaft der Mystik stammt ein Prinzip, wonach die Größe im Reinzustand – die ohne Kalkül und Selbstbeweihräucherung entstandene Größe – nicht persönlich erworben werden kann; sie kommt nicht dank eigener Verdienste zustande, sondern dank einer Präferenz oder eines Privilegs: Ein Mensch empfängt sie als Gabe, als Geschenk. Das lässt sich auf die Beziehung zwischen Adel und Bürgertum übertragen. Und auf die zwischen Frauen und Männern.

Eine Frau zu sein ist ein Privileg wie jenes, das den Menschen in den alten aristokratischen Gesellschaften durch adlige Geburt zuteil wurde: Du bist der Sache vielleicht nicht gewachsen, aber das Privileg kannst du nicht verlieren. Ebenso wenig wie du es dir verdient hast. Wer von »einer echten Frau« spricht, liegt falsch, denn alle Frauen sind echte Frauen. Doch anders als bei den Privilegien aufgrund von Blutsbanden genießt eine Frau das Privileg, von dem hier die Rede ist, vor allem im eigenen Inneren, in der vertrauensvollen Beziehung mit Ihresgleichen oder in Gesellschaft von Männern, die ein Bewusstsein darüber haben, oder auch dann, wenn sie große Schwierigkeiten überwinden muss. Dieses Privileg schlägt sich hingegen nicht in der gesellschaftlichen Rangordnung nieder; in der Gesellschaft ist es nur sporadisch sichtbar.

In diesen Fällen ist es aber nicht nur sichtbar, es wirkt wie ein Licht. Einige KünstlerInnen haben dieses weibliche »Mehr« im ganz normalen Leben wahrgenommen; sie haben es in seiner ganzen leuchtenden Stärke gesehen und dargestellt. Ich denke da zum Beispiel an viele Bilder des flämischen Malers Vermeer, vor allem an das mit der Frau, die Milch eingießt,[3] oder an den Film *Bellissima* des Regisseurs Luchino Visconti mit Anna Magnani. Ich denke auch an das Porträt von Melanctha Herbert in *Drei Leben* von Gertrude Stein: »Melanctha verlor immer alles, was sie hatte, weil sie alles brauchte, was sie sah …« Ein anderes Beispiel ist das Video *The Greeting* von Bill Viola; dem werde ich mich später widmen.

Womit Männer imponieren, das ist ihre Jagd nach Größe, ihre Fähigkeit, Taten und Abenteuer zu erfinden, aber Angst macht, was sie dabei oft hinterlassen, etwa Stacheldrahtrollen, Blechdosen, Wracks, Hass und Grenzen, die nach dem Zufallsprinzip gezogen sind … Und was überhaupt nicht auf Gefallen stößt, ist ihr Wettlauf in einem Staubwirbel von Titeln, Ämtern, Karrieren, Beförderungen. Unter ihnen nun auch emanzipierte Frauen zu sehen, ist geradezu peinlich. Das Privileg, eine Frau zu sein, ist eine Größe anderer Art, die sich in alltäglichen Situationen zeigt und bis zu den außergewöhnlichsten Situationen reicht. Karriere, eine wichtige Position, viel Geld – all das fügt dem nur wenig hinzu. Es ist zwar von Vorteil für die Betroffenen, aber Tatsache bleibt, dass der gesellschaftliche Aufstieg ihre Größe nicht wesentlich vermehrt, anders als bei Männern: Da steigt ein unbedeutender Wicht auf den Thron, und alle (außer den Kindern, laut Christian Andersen) sehen in ihm einen großen Mann, und manchmal wird er in gewissem Maße auch dazu.

3 Jan Vermeer, *Dienstmagd mit Milchkrug*, 1658-1660.

Bei einer Frau war die Größe schon vorher da, sie gehörte ihr bereits, war aber nicht sichtbar, wie ein geheimes Abenteuer, wie ein Kleid für alle Tage, aber von Valentino entworfen. Allerdings muss die Frau ihr Privileg annehmen und pflegen, so wie es die Adligen zu manchen Zeiten und in manchen Ländern taten. Wenn sie das kann, dann macht es keinen wesentlichen Unterschied, ob sie auf einem Lehrstuhl sitzt oder in der Küche steht, das lehren schon die Märchen.

Ahnte Lenin das, als er das berühmte Bild – die Köchin, die zum Staatsoberhaupt wird – prägte, um zu erklären, was Kommunismus ist? Oder ahnte er es nicht und glaubte an die Emanzipation? Ist die kommunistische Bewegung deshalb gescheitert, weil sie das Glück nicht ermessen konnte, das die Frauen für die Menschheit bedeuten – also deshalb, weil da weibliche Energien freigesetzt wurden, die über die Grenzen der Bewegung hinausgingen, welche diese Grenzüberschreitung nicht mittragen wollte?

Wenn ich »ein Glück für die Menschheit« sage, so denke ich dabei weniger an die einfache Fortpflanzung, also dass wir alle von einer Frau geboren werden; wir haben schließlich nicht darum gebeten, auf die Welt zu kommen. Ich denke vielmehr an die wirklich exquisite Art und Weise, wie Frauen, die Mütter werden – abgesehen von unglücklichen Fällen –, ihre Geschöpfe austragen und zur Welt bringen: mit Gedanken, Zukunftsplänen, Träumen, und dann mit Küssen, Umarmungen, Kleidchen, Mützchen, zärtlichen Worten, Wiegenliedern … Und noch mehr denke ich an den Rest, ich meine all das, was nicht Fortpflanzung ist. Und das ist so viel! Beim Gedanken, wie es wäre, wenn das fehlte, haben die hellsten Köpfe die Vision einer wackligen Tür, die zum Nichts hinausführt: So würde die Welt dann aussehen.

Sollte mich jemand fragen, was bei diesem großen Beitrag der Frauen unter dem Strich herauskommt, so würde ich antworten: Sieh dich um und durchdenke dein bisheriges Leben. Danach werden wir uns wieder unterhalten. Aber um eine Ahnung davon zu vermitteln, füge ich eine bescheidene Überlegung hinzu, die mir bisweilen beim Lesen von Texten über die Geschichte des Christentums einfällt:

Die Älteren unter uns erinnern sich noch an die Motorisierung Italiens: zuerst ein langsamer, dann ein stürmischer Prozess, und irgendwann waren auch die Frauen dabei. Das wurde umgehend mit dem Spruch begrüßt: »Frau am Steuer – nicht geheuer«. Obwohl ich damals ein kleines Mädchen war, spürte ich die Boshaftigkeit dieses Spruchs, aber trotzdem glaubte ich, dass er den Tatsachen entsprach. Bis schließlich die Versicherungsgesellschaften kamen und ihn komplett widerlegten: Frauen verursachen nämlich weniger Unfälle als Männer. Deshalb sage ich mir ganz ironisch: Schade, dass es keine Agenturen wie die Versicherungsgesellschaften gibt, die nachweisen, dass eine christliche Religion, die diesen Namen zu Recht trägt, ohne Frauen niemals existiert hätte, oder wenn doch, wäre sie zu etwas Unannehmbaren verkommen … Woher ich das weiß, werde ich gefragt. Ja, das Problem besteht gerade darin, die Dinge zu erfahren: Wenn es

Personen und Methoden gibt, die erfassen, wie bestimmte Dinge wirklich laufen, wieso haben wir dann keine, um die Präsenz der Frauen im Werk der Zivilisation zu erfassen? Gewiss bräuchte es dazu nicht nur einen Taschenrechner, sondern einen genauen Blick in jene Richtung, nicht nur eine Statistik, sondern eine Erweiterung des Horizonts. Wenn manche Leute von Gott sprechen, ohne eine Vorstellung davon zu haben, was zwischen einer Frau und Gott passiert ist oder passieren kann, ist das so, als würden sie auf halber Höhe stehen bleiben: Sie sehen das, was sie am Anfang gesehen haben, oder nur ein bisschen mehr. Es gibt Frauen, die auch schriftliche Zeugnisse hinterlassen haben, oft unter großen Schwierigkeiten, aber einige Personen lesen eben nur mit Blick aufs eigene Schreiben und Publizieren und mit Blick auf ihre Karriere: Das ist ein Pseudo-Lesen, dem das Wesen und die Qualität des weiblichen Denkens entgeht.

Das betrifft natürlich nicht nur die Theologie. Vor Jahren sah sich ein führender Kopf der französischen Anthropologie und Soziologie, Marcel Mauss, zu einem warnenden Hinweis veranlasst: »Passen Sie auf«, sagte er, »unsere Soziologie *hinkt dem, was sie sein sollte, weit hinterher*, denn bisher haben wir nur die Gesellschaft der Männer untersucht, es fehlt uns eine Soziologie der Frauen und der beiden Geschlechter.«[4]

4 Zit. in: Irène Thery, *La distinction de sexe. Une nouvelle approche de l'égalité*, Paris 2007, S. 97.

Also Vorsicht, wir sollten unser Wissen nicht überschätzen; das heißt in der Praxis, wir sollten nicht überschätzen, was wir zu wissen glauben.

Vorsicht ist aber auch hinsichtlich einer anderen Vereinfachung geboten, und zwar der pseudofeministischen Auffassung, wonach das weibliche Geschlecht das große Opfer einer großen Ungerechtigkeit der Männer sei. Diese vereinfachende Darstellung ist typisch für eine Politik, die sich auf das Recht beruft. Das führt zu einer Überschätzung dessen, was sich im Namen der Rechte erreichen lässt, und zu einer Unterschätzung der einzelnen Menschen mit ihren Ressourcen.

Die Interpretation des Frauseins als einer conditio humana, der Gerechtigkeit verweigert wird, und die gleichzeitige Überschätzung gesetzlicher Maßnahmen sind Pauschalisierungen. Sie sollen Hilfe bieten, doch sie minimieren alles, was viele – sehr viele – Frauen in ihrer Beziehung zur Welt und zum anderen Geschlecht ins Spiel gebracht haben. Folglich erfasst diese Interpretation nicht, was die Frauen alles erfinden können, und ebenso wenig, was es noch zu finden gilt oder was vielleicht gar nicht zu finden ist, aber schon die Suche danach kann uns ungeahnte Dinge entdecken lassen.

Kurz gesagt, diese Interpretation lässt die Schwierigkeit, Frau zu sein, *nicht* in ihrem wahren Licht erscheinen, sie wird einem abstrakten, negativen Plan zu ihrer Beseitigung untergeordnet. Das ist, als würden wir eine Auster als krank beurteilen und wegwerfen und die Perle darin nicht sehen.

Neben der Politik der gesetzlichen Garantien tendiert auch die Psychologie dazu (vielleicht liegt das an der

Natur dieser Disziplin), die Repräsentation der Frauen zu verzerren, denn sie bietet uns nur das Bild einer platten Normalität ohne Höhen und Tiefen.

Ich möchte hier eine märchenhaft klingende Behauptung anführen; sie hilft jedoch, die Intuition, die mich leitet, deutlich zu machen: Was den Frauen untereinander und in ihrer Beziehung mit den Männern passiert, im Guten wie im Schlechten, ist dasselbe, was passierte, als das Leben sich in Zwei teilte und den weiblichen Körper »wählte«, um sich zu reproduzieren – diese biologischen Ereignisse fanden vor zig Jahrtausenden statt, noch vor den Anfängen des Homo sapiens. Das ist damals passiert, und es passiert weiterhin. Es gab tatsächlich keine Unterbrechungen, und, so behaupte ich, das Leben setzt sich weiterhin in uns Frauen fest und in uns durch.

Während ich nach Worten für diese Art Märchen suchte, habe ich erfahren, dass es einen Ansatz gibt, Geschichte weiter- und tieferblickend zu schreiben, über die historischen Dokumente im engeren Sinne hinaus, bis hin zu den Anfängen der Menschheit. Eine Geschichtsschreibung, die die wechselseitigen Beziehungen zwischen Biologie und Kultur im Blick hat[5] und sich deren Berührungspunkte bewusst ist. Spüren wir etwa nicht, dass es diese Berührungspunkte gibt zwischen der dokumentierten Geschichte, die mit lauter Stimme spricht, und der schweigenden Geschichte unseres Daseins als lebende Organismen? Wir spüren das, und zwar nicht »trotz«, son-

5 Lynn Hunt, *La storia culturale nell'età globale,* ital. Übersetzung von Giovanni Campolo, Pisa 2010, S. 72.

dern gerade wegen allem, was danach kam, ohne Unterbrechung bis hin zu uns. Denn im Unterschied zur Geschichte kennt das Leben keine Diskontinuität. Wir sind nicht die Urzeitwesen – das zu denken wäre absurd; wir sind auch nicht die Menschen von vor hundert Jahren, und streng genommen nicht einmal die von vor einem Jahr; wir sind von unserer Zeit, aber wir sind lebende Wesen, und das Leben fabriziert uns weiterhin als geschlechtlich Geprägte. Die biologischen Geschlechter arbeiten ihrerseits an der Produktion der Gegenwart, die durch das Werk der Zivilisation so weit wie möglich von ihrer Schicksalshaftigkeit befreit wird.

Manche Leute haben behauptet, das biologische Geschlecht habe nichts mit Politik zu tun, schreibt die feministische Denkerin Geneviève Fraisse und kommentiert: »Leider täuschen sie sich, denn im sozialen Kontext produzieren die biologischen Geschlechter Politik.«[6] – Völlig richtig, aber weshalb »leider«? Ganz im Gegenteil, das ist doch ein glücklicher Umstand, denn das ermutigt uns, die verengten Horizonte zu überschreiten und Politik als Ausdehnung der Lebensenergie wahrzunehmen und zu praktizieren. Vor diesem Hintergrund sind die Frauen als Protagonistinnen im Spiel, denn alles deutet darauf hin, dass sie bisher vor allem darauf gesetzt haben.

Wenn wir die pauschale Behauptung zurückweisen, die Schwierigkeit Frau zu sein sei nur durch verweigerte Gerechtigkeit bedingt, so ist der Weg frei, um die conditio

---

6 Geneviève Fraisse, »Quand gouverner n'est pas représenter«, in: *Esprit,* März-April 1994, S. 104.

humana anders wahrzunehmen, so als stünde sie auf dem beweglichen Strich unter einer Rechnung, die nie ganz aufgeht. Das heißt aber nicht, dass Verlust gemacht wird – ganz im Gegenteil. Und dementsprechend gestaltet sich auch das politische Handeln. Es gibt eine Politik der Frauen, die sich im Geheimen schon immer um diese Rechnungsführung gekümmert hat, die über uns hinausgeht, in der wir Menschen aber einen wesentlichen Posten darstellen, und zwar aufgrund der Freiheit, die wir genießen (und an der wir leiden). Die sogenannte Biopolitik hat nicht erst begonnen, als die Philosophen begannen, darüber zu sprechen, sondern viel, viel früher.

Der einseitig neutral-männliche Standpunkt hat auch in der Auffassung und der Praxis der Politik zu Vereinfachungen geführt. In Anlehnung an Marcel Mauss könnten wir sagen, dass die Politik weit hinter dem herhinkt, was sie sein sollte, und ich glaube, in dieser historischen Situation werden mir da nicht viele widersprechen.

Aus meiner Sicht handelt es sich um eine zweifache Vereinfachung: Auf der einen Seite wird hier Politik mit dem Kampf um die Macht verwechselt, auf der anderen Seite wird der Anspruch erhoben, eine gerechte Gesellschaft aufzubauen – das sind zwei Seiten derselben Medaille, die auf der Brust des männlichen Protagonismus prangt. Auf die eine wie die andere Art verengen die Männer die Bedeutung der menschlichen Geschichte und überhöhen sie gleichzeitig, denn so können sie sich als Protagonisten fühlen.

Auf dieser historizistisch geprägten Bühne sind die Frauen nicht so sehr die Ausgeschlossenen, sondern vielmehr die Außenstehenden, denn sie sind anderswo und anderswie tätig, was wenig auffällt, aber heute mehr denn je berücksichtigt werden will. Auf ganz einfache Art macht das die Arbeiterin Irina, die von ihrem Gewerkschaftskampf direkt zu den einfachen Gerichten aus ihrer Heimat übergeht.

Es ist nicht einfach, das alles positiv und klar zu formulieren, ohne in Stereotype über Weiblichkeit zu verfallen. Aber dass dieses Anderswo-Anderswie erhellend sein kann, um die Geschichte der Menschheit zu lesen, das erahnen all diejenigen, die sensible Antennen haben. So ist etwa intuitiv zu verstehen, dass weibliche Exzellenz keine relative Überlegenheit ist, die ständiger Vergleiche mit anderen bedarf, sondern dass sie um ihrer selbst willen anzuerkennen ist: als die Fähigkeit, sich in der Präsenz der Welt zu bewegen – und der Wert dieser Präsenz hängt nicht vom Urteil der Geschichte ab, sondern umgekehrt: Der Wert der Geschichte hängt davon ab, ob weibliche Exzellenz erkannt und anerkannt wird. Es ist kein einfaches Unterfangen, sie zu erkennen, es besteht das Risiko von Fehleinschätzungen, aber ich riskiere das, es ist notwendig, es zu versuchen.

Meine Warnung vor der pseudofeministischen These enthielt also nicht nur die Aufforderung – der viele zustimmen werden –, dem Opferdiskurs zu misstrauen, denn er kultiviert die Verbitterung bei den Opfern, indem die ihnen geschuldeten Gefühle wie Solidarität, Respekt und Mitleid übersteigert werden. Eine andere Idee ist, eine radikalere Haltung einzunehmen, die wir »Selbstjustiz« nennen könnten, wobei wir diese Vorstellung aber von allem frei machen, was mit Gewalt oder Rache zu tun hat. Sich selbst Gerechtigkeit verschaffen: sich mit der eigenen Person in ein Spiel von Übereinstimmungen und Nicht-Übereinstimmungen hineinbegeben, in dem wir Spielerin und nicht Richterin sind.

Bei diesem Thema lasse ich mich von Ideen einer großen einzelkämpferischen, aber von Frauen und Männern geliebten Denkerin inspirieren, der französischen Philosophin Simone Weil mit ihren *Cahiers*. An einer Stelle, wo es um Gerechtigkeit geht (»Übereinstimmung der Komposition auf mehreren Ebenen«), schreibt sie: Sie »ist verborgen und gilt nur für das Ganze«, und bevor sie wahrgenommen werden kann, »muß selbst man gespürt haben, in welchem Maß sie nicht existiert.«[7]

Wenn die sexuelle Differenz ins Spiel kommt (zwischen Frauen und Männern wie auch zwischen Frau und Frau), dann wird eine Partie gespielt, welche *die Maßstäbe der Gerechtigkeit überschreitet.* Das führt zu Spannungen und Konflikten, die bisher nur unzureichend verstanden, geschweige denn gelöst wurden.

Wir alle kennen das klassische Bild der Göttin Justitia, der personifizierten Gerechtigkeit mit ihrer Waage, zwei Schalen, die jeweils am Ende eines Balkens, des sogenannten Jochs hängen. Justitia reguliert es so, dass die Waagschalen im Gleichgewicht bleiben. Und ich meine: Zwischen Männern und Frauen findet Justitia auf dem Joch keinen Punkt, der es erlaubt, die Waagschalen ins Gleichgewicht zu bringen; vergeblich sucht sie Gegengewichte.

7 Simone Weil, *Cahiers*. Aufzeichnungen, Bd. 2, München, Wien 1993, S. 16.

Der Wunsch nach Gerechtigkeit ist etwas Unverzichtbares im zivilen Zusammenleben, und das Prinzip der Gleichheit ist die erste Antwort darauf. Aber im Namen der Gerechtigkeit wird viel Ungerechtigkeit begangen, und zum Glück auch umgekehrt: Im Ungleichgewicht der ungerechten Wirklichkeit findet der Mensch den Impuls zum Handeln, um seine Lage zu verbessern. Kurzum, ich möchte dazu auffordern, die potenzielle Energie einer Wirklichkeit, die aus dem Gleichgewicht ist, kreativ zu nutzen und daraus die Ideen für politisches Handeln zu ziehen.

Aus dieser Vorstellung heraus entstand der Titel eines feministischen Buchs der Achtzigerjahre, an dem auch ich mitgearbeitet habe: *Non credere di avere dei diritti* (Nicht glauben, Rechte zu haben). Das Buch berichtet über Ereignisse und Reflexionen einer Gruppe von Frauen im Kontext der feministischen Bewegung im ausgehenden zwanzigsten Jahrhundert und wurde in mehrere Sprachen übersetzt. Seltsamerweise erschien es auf Englisch für das US-amerikanische Publikum unter einem anderen Titel (*Sexual Difference*)[8]. Die Begründung lautete: In den USA wäre die Botschaft des Originaltitels nicht nur inakzepta-

8 *Sexual Difference. A Theory of Social-Symbolic Practice*, übers. von Patricia Cicogna und Teresa de Lauretis, Bloomington-Indianapolis 1990. Originaltitel: *Non credere di avere dei diritti. La generazione della libertà femminile nell'idea e nelle vicende di un gruppo di donne*, Turin 1987. Der Titel ist ein Zitat von Simone Weil: *Cahiers. Aufzeichnungen*, Bd. 2, München, Wien 1993, S. 18.
(Anm. d. Ü.: Auch dem deutschen Verlag schien eine wörtliche Übersetzung des Originaltitels inakzeptabel: Das Buch erschien unter dem Titel: *Wie weibliche Freiheit entsteht. Eine neue politische Praxis*, Berlin 1988.)

bel, sondern vor allem unverständlich. Dieses Argument klingt verblüffend – aus einem Land, das ungesetzlich entstanden ist, und wo heutzutage wieder in den schlimmsten Formen von Rachsucht und Gewalt Selbstjustiz geübt wird. Oder vielleicht wurde der Titel ja gerade deswegen abgelehnt. Andererseits sind in den USA auch Filme erschienen, die einen Kontrast bilden zu jener irrsinnigen Art, sich selbst Gerechtigkeit zu verschaffen; sie zeigen eine andere Bedeutung davon, nämlich sich in erster Person zu exponieren, wie in *Gran Torino* von Clint Eastwood (2008). Das ist in mehreren Filmen gelungen, weil die Filmemacher von jener heimlichen Politik der Frauen, die ich zuvor ansprach, gelernt haben.

Die Vorstellung einer weiblichen Exzellenz, die nicht nachweisbar, aber erkennbar ist, weil sie sich ganz einfach zeigt – diese Vorstellung verschafft den Frauen Gerechtigkeit. Im Sammelsurium von Diskursen zieht sie als urteilende Größe ein, nicht als eine, die beurteilt wird. So wie wenn du bei einem Kartenspiel die ausschlaggebende Karte ziehst. Aber damit ist die Partie nicht zu Ende, ganz im Gegenteil, das Spiel wird neu eröffnet in einem weiteren Horizont, der die Antworten umfasst, die schon gefunden wurden oder noch nicht gefunden wurden, aber auch die, die nicht zu finden sind oder von unbekannten Personen gefunden wurden.

An den Worten von Irina Petrescu beeindruckt vor allem, dass sie gegen das dunkle Leiden der Depression und gegen die Auswirkungen der Misswirtschaft kämpft, ohne die beiden Bereiche zu trennen. Wer den Punkt findet, wo das eigene tiefste Innere mit der globalen

Wirtschaftslage zusammentrifft, gewinnt einen Protagonismus, der sich stark von der Dominanz über andere unterscheidet. An diesem Punkt gelingt es, *das Sein zu spüren.*

Dieser Gedanke stammt ebenfalls von Simone Weil. Eine Freundin hat mir geraten, nicht so viel zu zitieren, sie hat Recht, aber es gelingt mir nicht, ohne Zitate auszukommen: Es sind Stimmen, die ich in mir trage, sie treiben mich an weiterzumachen, und in dem Moment, wo ich mich zurückziehen würde, bieten sie sich an, einen Moment lang an meine Stelle zu treten.

Wie wenn das Licht angeht

Um einen Anfang dafür zu finden, was ich zu sagen habe, werde ich erzählen, wie es mir einmal *nicht* gelungen ist, zu sagen, was ich zu sagen hatte. Es mag sich anhören wie ein Traum, aber es sind Erinnerungen an ein Ereignis, an das sich auch andere erinnern, die damals dabei waren.

Es war in einer großen Stadt, in der wunderschönen Villa einer verarmten Dame, da fand ein Treffen von Männern mittleren Alters statt, eher älter als jünger, alles Intellektuelle, alle engagiert in einer politischen Ära, die sich dem Ende zuneigte. Manche trugen die Nase noch hoch, andere waren niedergeschlagen, manche hatten verantwortungsvolle Posten, andere waren bereits raus aus dem Spiel. Wir Frauen, alle Feministinnen, waren neu hinzugekommen, wir waren Bekannte oder Freundinnen der Anwesenden und in der Minderheit. Insgesamt rund zwanzig Personen in einem großen Salon voller Sofas, Bücher und Staub, wir saßen im Halbkreis um die Hausherrin, die Älteste von allen, sie leitete die Diskussion. Eigentlich waren es keine Diskussionsveranstaltungen, sondern eher kleine Tagungen, die von morgens bis abends dauerten. Gegen vier Uhr nachmittags kam mir eine Idee, die ich noch nicht in Worte fassen konnte, die aber sofort nach einer Formulierung drängte, denn an jenem Ort und in jenem Moment fehlte nichts, um sie zur Vollendung zu bringen, und ich fürchtete, dass sie mir entfallen könnte. Ich ging davon aus, dass ich Schritt für Schritt, im Gespräch mit den anderen, die Worte finden würde. So begann ich zu sprechen, vor allem zu den Männern, doch die schauten mich perplex an und schwiegen. Ich gab ihnen zu verstehen, dass die Idee da war, auch wenn nicht alle Worte da waren – aber der Austausch kam nicht zustande. Einer fragte mich höflich, ob ich ihnen etwas vorzuwerfen hätte, ein anderer wollte wissen: »Haben wir dich irgendwie schlecht behandelt?« Die anderen Frauen schwiegen, die Hausherrin wurde langsam ärgerlich und meinte, ich solle genauer erklären, was ich wollte, oder schweigen. Ich redete weiter und war jetzt wirklich wütend – auf die Gastgeberin, auf diese Männer und auf mich selbst. Einige Frauen reagierten beleidigt. Die Männer versanken achselzuckend in ihren Sofas. Keine Ahnung, was ich sagte, sicher nicht mehr als das, was ich bereits anfangs gesagt hatte. Und das war in etwa: Zu eurer Gruppe sind ein paar Frauen hinzugekommen, und ihr macht einfach weiter, als wäre nichts passiert. Allerdings sagte ich das mit ziemlicher Vehemenz, was vermutlich die fehlenden Worte ausgleichen sollte, und dazu kam noch die Wut wegen der Reaktion der anderen. Das Ganze endete damit, dass die Hausherrin mich aufforderte, das Haus zu verlassen, und da ich sie mochte und jetzt nur noch woanders sein wollte, leistete ich dem gern Folge.

Danach dachte ich in Ruhe noch einmal über den Vorfall nach und verstand, dass ich mir von diesen Männern das erwartet hatte, was in den Selbsterfahrungsgruppen unter Frauen Praxis war, nämlich dass alle Anwesenden dabei halfen, die Idee, mit der die eine oder die andere schwanger ging, auf die Welt zu bringen. Dabei wusste ich doch, dass in den schönen Diskursen der Männer Metaphern wie: mit einer Idee schwanger gehen, eine schwere Geburt, etwas zur Welt bringen usw. zwar aus dem Erfahrungsschatz der Frauen stammen, aber in der Praxis etwas anderes bedeuten. Ich dachte: Es war ein Fehler, diese Erwartungen an die Männer zu haben.

Heute ist mir aber klar, dass das keineswegs ein Fehler war, denn es war genau das, was ich wollte, und zwar mit Fug und Recht. Ich wollte, dass sie aufhörten zu denken und zu reden, als könnten sie die Welt mit Worten neu erschaffen. Positiv ausgedrückt, ich wollte sie teilhaben lassen an einer Modalität des gemeinsamen Denkens, die ich im Feminismus kennengelernt hatte. Dabei geht es nicht um eine geordnete Reihe von Diskursen, die den gesamten Raum der Wirklichkeit einnehmen, sondern die Einzelnen helfen sich ganz offen auch mit Elementen, die dem diskursiven Denken fremd sind, wie die äußeren Umstände, die Präsenz der Körper, das nach außen drängende Begehren: Nur mit einem solchen Austausch, einem Mix aus Worten, Schweigen, Gesten und Empfindungen hätte es uns gelingen können, die Idee, die ich erahnt hatte, zur Welt zu bringen.

Die Sprache widersetzt sich keineswegs dieser Art zu denken. Ich meine die Körpersprache, aber auch die Sprache im engeren Sinn. Tendenziell überschätzen wir aber die Fähigkeit der Sprache (z.B. der geschriebenen Sprache, mit der wir hier kommunizieren), auch wenn sie zweifellos fähig ist, jede beliebige Erfahrung oder Idee mittels Namen, Begriffen und Argumenten darzustellen: Jedes Ding hat seinen Namen, für jede Idee gibt es ein Wort, für jedes Problem einen Diskurs. Wie schön! (für diejenigen, die sprechen und sich gewählt ausdrücken können). Es scheint, als könnten wir die Welt mittels Worten neu erschaffen. Dagegen unterschätzen oder ignorieren wir manchmal eine weitere Fähigkeit der Sprache: Die Fähigkeit, mit den schlichtesten Mitteln Rechenschaft von der Präsenz der Wirklichkeit abzulegen. Ich beziehe mich hier nicht auf etwas Mysteriöses, sondern einfach auf die Zeichen, die wir benutzen, um miteinander in Beziehung zu treten: *ich,* die ich hier schreibe, mit *dir* – du wirst das lesen. Oder auch, um uns zeitlich und räumlich zu situieren: *hier, jetzt, morgen …* Ich beziehe mich auch auf die Zeitformen der Verben (das Präsens bei *ich schreibe,* das Futur bei *du wirst lesen*); diese Zeitformen verweisen auf *gestern* und *morgen,* vorher und nachher. Ich nehme Bezug auf Daten, auf Eigennamen – Zeichen, die wie die Fenster eines Hauses oder die Wurzeln eines Baums sind: Sie eröffnen den Diskurs, und was dieser sagen will, soll sich in einer Realität vollenden, die im Diskurs nicht darstellbar ist, weil er selbst mittendrin ist, aber sie kann präsent gemacht, benannt und zeitlich und räumlich in dem Kontext verwurzelt werden, in dem der Diskurs entsteht. Diese Zeichen markieren in der mündlichen Kommunikation den wechselnden Ort des Sprechens und das unaufhaltsame Vergehen der Zeit: *ich,* denn jetzt bin ich an der Reihe, danach sagst du *ich,* wenn du zu mir sprichst, dann bin ich das *Du, morgen* wird zu *heute,* und *heute* wird zu *gestern …*

Das sieht aus wie ein Spiel; der wissenschaftliche Begriff dafür heißt *Deixis.* Um dieses Spiel zu spielen, braucht es mindestens zwei Personen und die Lust, es zu spielen.

Die Idee, die ich an jenem konfliktgeladenen Nachmittag erahnte, will ich nun in den Worten formulieren, die ich im Nachhinein gefunden habe – nach der verpassten Gelegenheit damals, deshalb wird die Idee nicht mehr genau dieselbe sein, die blieb im Stadium einer Intuition stecken.

An jenem Nachmittag wollte ich Folgendes sagen: Mit der feministischen Bewegung, die in den Sechzigerjahren begann, haben die realen Frauen angefangen, als begehrende und unabhängig sprechende Subjekte zu existieren, und diese Existenz wird sich gegen das Weiblichkeitsbild der Männerfantasien durchsetzen, das viele Männer an die Stelle der Frauen in Fleisch und Blut gesetzt haben – die realen Frauen sind wesentlich vielseitiger und facettenreicher als die Vorstellung von Weiblichkeit, zu deren Aufrechterhaltung immer weniger Frauen beitragen werden. Und deshalb wird die Welt nicht mehr dieselbe sein.

Ich kam von einer Erfahrung her, die ich mit vielen Frauen teilte und die als Geburt des weiblichen Subjekts in die politische Geschichte einging. Für mich war es die Erfahrung, zusammen mit anderen Frauen – oft waren es wechselnde Beziehungen, einige bestehen heute noch – Worte zu finden, um mich selbst und mein Begehren zum Ausdruck zu bringen. Nicht auf perfekte, aber optimierbare Art, während ich vor dieser Erfahrung wie in einer

Sackgasse festgesessen hatte. Im Zuge dieser Praxis drängte sich eine Idee auf: Jetzt, wo wir diese Unabhängigkeit haben, beginnt die Welt von vorne, mit uns begehrenden Frauen zusammen, und sie wird sich ändern müssen. Die erste Veränderung war, dass wir den Gesellschaftsvertrag aufkündigten, der einen großen Teil der weiblichen Menschheit, angefangen mit uns selbst, den Normen, Maßstäben und Erwartungen von anderen unterwarf, ohne dass wir eine Möglichkeit zu verhandeln gehabt hätten. Diese Verhandlung hätten wir bei besagtem Treffen praktisch beginnen können, dazu hätten die anwesenden Männer aber ein Streitgespräch (oder salopp gesagt: eine verbale Rauferei) akzeptieren müssen. Wie bereits geschildert, hüteten sie sich davor, aber ihre demonstrative Höflichkeit zeigte, dass sie insgeheim doch etwas verstanden hatten.

Ich erinnere mich (wenn ich mich recht erinnere), dass ich an jenem Nachmittag gegenüber meinen Gesprächspartnern, um sie mal so zu nennen, den Feminismus nicht erwähnte. Über den Feminismus wussten sie nur wenig, aber sie meinten, sie wüssten genug. Ich verlangte nicht von ihnen, als Feministin anerkannt zu werden; vielen von uns lag auch gar nichts daran, uns Feministinnen zu nennen, nur brauchten wir einen Namen, und das war eben der, auch wenn er mehr ein Etikett als ein Name ist.

Von diesen Männern verlangte ich, dass sie aufhörten sich zu verhalten, als sei die Präsenz von Frauen eine beliebige Variante ihrer Gruppe; sie sollten die Veränderung registrieren, die sie vor Augen hatten. Anders gesagt, sie sollten sich involvieren lassen … involvieren in was? – In ein Ereignis, dessen konstituierende Elemente als Teile des Diskurses damals in der Villa vereint waren. Nebenbei bemerkt: Eingeladen hatte uns die Hausherrin, bisher die einzige weibliche Präsenz in dieser Gesellschaft.

Weshalb hattest du diesen Anspruch, was hast du dir erwartet, wurde ich später gefragt, und bisher habe ich noch keine Antwort außer: Da gab es diese Chance, die durfte ich nicht ungenutzt lassen; dabei ging es nicht so sehr um eine Pflicht, so meine ich rückblickend, sondern um das Glück, um mein Glück und auch ihr Glück, wenn wir bedenken, dass das Projekt, das diese Männer vereint hatte, seinem Ende entgegenging.

Es gibt das Gebot des Glücks, das heißt, wenn bei einer oder mehreren Personen ein Funken Glück am Horizont auftaucht, sei es als gelebte Erfahrung oder einfach nur als Möglichkeit, dann gebietet das Glück über diese Personen. Oft gebietet es uns, es zu verkünden und mit anderen zu teilen. Und das tut es mit einer Kraft, welche die der moralischen Imperative bei weitem übertrifft. Ich glaube sogar, dass bestimmte Revolutionen auf diese Weise ausgebrochen sind – einfach weil sich das Glück am Horizont abgezeichnet hat.

Ich wollte also, dass diese Männer in ein Ereignis involviert würden, aber es war kein einfaches Ereignis, der Deutlichkeit halber wäre es besser, von zwei Ereignissen zu sprechen: ein subjektives, persönliches und ein öffentliches, historisches – also Ereignisse ganz unterschiedlicher Natur, und dennoch fielen sie zusammen. So wie wenn du entdeckst, was du wirklich willst, und an diesem

Punkt verändert sich real nicht nur dein Leben, sondern die ganze Welt erscheint dir anders. Es ist schwierig zu bestimmen, wo diese Koinzidenz stattfindet: im eigenen Kopf oder in der kollektiven politischen Geschichte? In welcher zeitlichen und räumlichen Dimension ist ein Ereignis effektiv anzusiedeln, das sich im Inneren abspielt und zugleich ein historischer Umbruch ist, der das Gesicht einer Gesellschaft verändert?

Diesen Moment gilt es in erster Linie zu leben, das heißt am Punkt der Koinzidenz zu bleiben und nicht versucht sein zu denken, ich habe geträumt. Dieser Erfahrung treu zu bleiben. So haben es sehr viele von uns gemacht, die den Weg namens Frauenbewegung und feministische Bewusstwerdung kennen. Wir sollten diesen Moment leben, dranbleiben und ihn zu Erzählungen, Kunst, Wissen und Wissenschaft verarbeiten. »Wenn ich über mich spreche, wenn ich die Geschichte meines Lebens erzähle, wird sich die Erdachse verschieben«: Mit dieser kosmologischen Übertreibung kann ich mich identifizieren, sie deutet etwas an, was eines Tages dazu führen wird, dass die Geschichtsbücher anders, weniger langweilig sein werden. Und das beginnt schon jetzt.

Da höre ich bereits den Einwand der akademischen Geschichtsschreibung: Die Koinzidenz, von der du sprichst, ist nicht nachgewiesen und lässt sich auch nicht nachweisen. Geschichte schreibt man mit dokumentierbaren Fakten, nicht mit subjektiven Erlebnissen.

Wenn das so ist, antworte ich, dann öffnet eure Disziplin und macht die subjektiven Erfahrungen zu historischen Erfahrungen, denn sie haben reale Auswirkungen, sie sind von dieser Welt, einige davon sind bahnbrechend wie die, von der hier die Rede ist.

In der Revolte der realen Frauen gilt es also, wie gesagt, zwei Geschehnisse zu betrachten, die völlig unterschiedlicher Art sind und die auf zwei verschiedenen Ebenen angesiedelt sind, welche sich jedoch kreuzen und zusammenfallen. Wo und wie, das weiß ich nicht, aber ich weiß, dass sie an einem bestimmten Punkt zusammenfallen. Woher ich das weiß? Aus Erfahrung. Ich weiß es, weil ich dabei war, ich weiß es, weil ich es spüre, ich weiß es, weil ich es bin. Die beiden Geschehnisse verschmelzen miteinander in ihrer gemeinsamen Bedeutung, subjektiv und objektiv, zusammen.

Die Bedeutung dessen, was geschieht, zeigt sich manchmal in Form einer Erfahrung, das ist wie eine Vision: In der Erfahrung siehst (spürst) du, ohne jegliche rationale Überlegung, die Sache selbst. So könnte ich denen, die mich fragen, woher ich das weiß, fast die Antwort geben: Ich weiß es, weil mir die Augen aufgegangen sind. Das will ich anhand einer paradoxen Aussage von Popstar Lady Gaga erklären: Auf die Frage nach ihrem steilen Aufstieg zum Welterfolg antwortete sie: »Ich war schon immer berühmt, nur hat es vorher niemand bemerkt.« Der Erfolg machte sie für sich selbst und für die anderen sichtbar, wie wenn auf einmal das Licht angeht: Sie war nie etwas anderes als der berühmte Popstar. Ich stelle mir schon den Einwand vor: Was wird sie tun, wenn sie nicht mehr der berühmte Popstar ist? Ganz einfach: Ein anderes Licht wird angehen, und sie wird etwas anderes an sich entdecken. Vergessen wir nicht, dass wir erwachsenen Menschen allein deshalb so kümmerliche Wesen sind, weil wir im Unterschied zu den Kindern, den Tieren und den Pflanzen nur einen Teil unserer Potenzialitäten umsetzen.

Wenn ihr mich fragt, was ich zu tun glaube, wenn ich dieses Buch schreibe, so antworte ich: Ich zünde ein Licht an. Die feministische Bewusstwerdung hat den Weg geöffnet, den die akademische Geschichtsschreibung nicht kannte und jetzt nur mit Mühe anerkennt. Sie wird ihn anerkennen, daran zweifle ich nicht, denn es war ein historisches Ereignis außerordentlicher Art, das sich dadurch auszeichnet, dass es kein Fakt im Fluss der Fakten ist, vielmehr ein Fließen der Fakten, das unterbrochen wird, und an jenem Punkt wird das Werden zur Enthüllung eines Seins.

Die feministischen Diskurse sind voll von Vereinfachungen, aber sie sind alle nicht so schwerwiegend wie jene, die die subjektive Singularität der Menschen von der faktischen Wirklichkeit getrennt hat, so als würde jeder der beiden Bereiche außerhalb des anderen stehen, bis hin zum gegenseitigen Ausschluss. Das hat sich dahingehend ausgewirkt, dass die objektivierende Kenntnis der Welt immer umfangreicher und wissenschaftlicher wird, auf Kosten der erkennenden Subjektivität, die – abgespalten vom Empfinden, dem wahren Selbstsinn – unsicher geworden ist und nun Gefahr läuft, vom Spezialistentum verhackstückt zu werden. Gegen die Spaltung von subjektiv und objektiv wurden Lösungen gefunden – wie die

Verbindungen und Beziehungen aussehen, das legt allerdings das Expertenwissen fest. Anders gesagt, dem Spezialistentum wird die legitime Fähigkeit der Vermittlung zuerkannt, dem Normalsterblichen – häufig der Normalsterblichen – wird es hingegen unmöglich gemacht, ProtagonistIn des eigenen Lebens zu sein und eine Kompetenz darüber zu besitzen, was passiert und was sie/er braucht. Die Spezialisten erheben den Anspruch, viel mehr zu wissen, ja sogar die Einzigen zu sein, die das wissen! Eine Frau sagt: »Mir tut die Gebärmutter weh«, und der Gynäkologe erwidert: »Was wollen *Sie* denn schon über die Gebärmutter wissen?«

Die Revolte der realen Frauen hat an einem Punkt wiedergefundener Koinzidenz zwischen Ebenen des Seins angesetzt, die ein einseitiges Denken getrennt und dadurch Mutlosigkeit und Irrealität erzeugt hatte. Das betrifft alle und geht alle an; die Worte, die ich verwende, wollen einen universalen Sinn vermitteln, dessen Basis nicht-instrumentelle Beziehungen zur belebten und unbelebten Welt (in manchen Kulturen gilt alles als belebt) und Erfahrungen sind, die ich mit den Nächsten und den Fernsten im Netz der Beziehungen teile.

Wirklich da zu sein in jenem Moment, in dem das unaufhörliche Werden anhält und sich das Sein, also die Präsenz der Dinge und der Menschen, zeigt, das ist ein sicherer Quell von Glück. Dieses Da-sein, ich nenne es *das Sein spüren,* ist niemandes Besitz, aber es ist eine Möglichkeit für alle. Aber wie können wir erreichen, dass dieser Reichtum, der sich allen anbietet, nicht ignoriert oder verschwendet wird?

Seit ich die Tradition der Mystik entdeckt habe, ziehe ich sie oft zu Rate, um ein Wissen zu erwerben, das allen zur Verfügung steht, denn den Wunsch nach Glück und (bisweilen) die Erfahrung des Glücks haben alle. Das Glück ist etwas höchst Unwahrscheinliches, aber es wie eine Fata Morgana zu behandeln, ist schlicht falsch, denn in Wirklichkeit ist es ein Bedürfnis, und darauf zu verzichten, ist falsch: Verzichten wir etwa auf das Sonnenlicht? Wenn es fehlt, werden wir den Mangel spüren. Helfen wir uns, den Mangel zu ertragen, aber nicht zu verzichten. Das Gefühl des Mangels hält die Tür offen.

Aus der Tradition der Mystik kommt das Beispiel von Frauen, die sich der Schultheologie widersetzten, welche mit ihren Reden über Gott den Bereich der Erfahrung und des Schweigens überschwemmte. Die scholastische Unterweisung nimmt den Platz der Erfahrung ein und ergibt nichts Wahres und Gutes. Sie ist nur ein Hindernis, meinte Margarete Porete. »Was wir da lernen, ist viel zu wenig im Vergleich zu dem, woran es mangelt«, schrieb eine unbekannte Dichterin, wahrscheinlich eine Begine wie Porete.[9] Es sei gerade der Mangel, der aus dem Inneren heraus den Weg weist – wie er das macht, darüber lasse sich nichts schreiben, fügte die Dichterin hinzu, außer dass es darum gehe, gewohnte Formen, Bilder, Denkweisen aufzugeben.

---

9 Pseudo-Hadewijch, *Poesie miste, testo brabantino a fronte.* Ital. Übersetzung von Alessia Vallarsi unter Mitarbeit von Joris Reynaert, Marietti 1820, Genova-Milano 2007, S. 9 (Dt. Übers.: Pseudo-Hadewijch, *Gedichte,* in: Hadewijch, *Mengeldichten,* hg. von J. van Mierlo, Leuven 1952, S. 86-14).

Ähnliches klingt bei den Autorinnen an, die in unserer Zeit die unzähligen Wirtschaftstheorien angegriffen haben: Auch die seien ein Hindernis dafür, sehen und sich vorsehen zu können. »Eine Weltwirtschaftskrise löst, ebenso wie ein Krieg, das Gefühl einer großen Diskrepanz aus« zwischen dem immensen Ausmaß des Problems und den eigenen Kräften. »Aber aus deiner Lebens- und Welterfahrung weißt du, dass die Veränderung mitten im Leben des/der Einzelnen beginnt«; die Ökonomie dagegen »stützt ihre Analysen und Überlegungen auf althergebrachte Kategorien«, die die Subjektivität all jener zunichtemachen, welche inmitten der Schwierigkeiten auch Wünsche haben und außer den Wünschen auch die Kraft und das Wissen, den Kampf aufzunehmen.[10]

Was haben diese beiden zeitlich so weit entfernten Kritiken gemein, und wie sind sie entstanden? Die einen wie die anderen Frauen widersetzen sich den herrschenden Diskursen, das heißt, sie bremsen die Produktion von Diskursen, die über einen ausschlaggebenden Punkt hinweggehen, den Punkt, an dem ein Mensch aufwachen und sagen könnte: Das weiß ich, das spüre ich … Diese Diskurse überdecken die Erfahrung des Wahren mit einer Unmenge an Wissen, das sich durchsetzt, weil es nachgewiesen ist – nachgewiesen, aber *nicht wahr*, denn es gibt

10 Libreria delle donne di Milano, *Sottosopra. Immagina che il lavoro*, Milano 2009, dt. Übersetzung mit dem Titel: *Stell dir vor die Arbeit …* von Traudel Sattler unter ttp://www.libreriadelledonne.it/categorie_pubblicazioni/sottosopra/.

die Erfahrungen nicht wieder, sondern ersetzt sie. Dabei haben wir so viele davon!

Es gibt viele Ebenen des Seins, so lehrt die Philosophie, und als Folge davon zerfällt unsere Erfahrung; wir selbst laufen Gefahr, uns zu verlieren. Faktisch gelingt es uns mehr oder weniger gut, uns wiederzufinden, dank der Vermittlung (der Diskurse), die uns von verschiedenen Seiten angeboten werden: von den Wissenschaften, der Politik, der Religion, durch die Schule, das Fernsehen, andere gesellschaftliche Kontexte …

Das kritische Denken, das sich im letzten Jahrhundert nach den zwei Weltkriegen entwickelte, weist uns zu Recht darauf hin, dass diese ungeordnete Summe von Diskursen, die die Welt und uns selbst wieder zusammenzusetzen hilft, oft einer Art Ordnung gehorche – der Ordnung einer langfristig organisierten Macht: der Macht des Geldes, des Wissens, der Waffen. Darüber hinaus sei die organisierte Macht seit der Beginn der Moderne nicht mehr nur in den großen politischen und gesellschaftlichen Institutionen konzentriert, heute verteile sie sich vielmehr engmaschig im sozialen Körper, so die Denker des kritischen Denkens.

Aber sie wissen nicht, wie wir uns dem Zugriff der Machtdiskurse entziehen können, vielleicht weil sie ihrerseits Diskurse entwickeln, die kein Einhalten kennen. Und so breiten sie sich aus, und nie kommt der Moment, um sich zu sagen: Ich muss einhalten, nicht stellvertretend für andere sprechen, die ihr Wissen aus der lebendigen Erfahrung haben, in erster Person. Oder vielleicht liegt es auch daran, dass die Denker des kritischen Denkens von ihrer eigenen Entdeckung fasziniert sind, ähnlich wie ein großer Renaissance-Maler, der die Mächtigen nicht liebt, aber Tag um Tag perfekter in der Kunst wird, sie zu porträtieren, etwas anderes kann er nicht.

Was wäre also zu tun? – Ausweichen, so wie manche Tiere, wenn sie von ihren Feinden verfolgt werden: unvermittelt aus den Bahnen der Macht ausscheren und in den Mangel springen, in den Mangel an Organisation, an Erfolg, an Prestige, an Lehrsätzen, an Namen – in einem Wort, in das Fehlen sämtlicher Surrogate. So dass unser Erleben und unsere Worte sich entsprechen: Was innen entsteht, entspricht dem, was von außen kommt, und dadurch wächst das Sein aller Dinge, die es gibt. Das lehrt die Mystik, an deren Ursprung die Ausschaltung aller Surrogate steht. Die Entsprechung zwischen Sein und Wort macht das Spielfeld der Sprache groß; manche haben behauptet, eine ganze Kultur sei nötig, um diese Übereinstimmung herzustellen, aber ich denke, dass auch das Gegenteil stimmt und dass für die Kultur gilt, was für die Flüsse gilt, nämlich dass auch die größten Ströme kleine Quellen haben.

Der Feminismus, dessen Licht ich damals unter den Gästen der verarmten Signora hätte anzünden wollen (anzünden ist das richtige Wort), begann mit einem solchen Ausscheren aus der vorgegebenen Bahn. Damit meine ich die Praxis, sich unter Frauen zu treffen und über uns zu sprechen, spontan, unabhängig von vorgefertigten Worten. Diese Praxis nannten wir Selbsterfahrung, im Italienischen *autocoscienza,* Bewusstsein des eigenen Selbst. Manchmal sage ich mir: Wir müssten erklären, dass die

Selbsterfahrung nicht das *Cogito* von Descartes und auch nicht das Hegel'sche Selbstbewusstsein ist, ebenso wenig das Marx'sche Klassenbewusstsein, auch wenn sie diesen drei berühmten Redefiguren der menschlichen Selbsteroberung ähnelt, die alle aus der abendländischen christlichen Kultur der Spiegelung zwischen Gott und dem Ich stammen. Worin liegt der Unterschied? Dass wir uns nicht im Kampf gegen die anderen selbst erobert haben, sondern durch die Erkenntnis, dass wir anderswo und anderswie waren als vorgesehen, vorgeschrieben und versprochen. Zu dieser Erkenntnis waren wir nicht als Einzelne und nicht als Kollektiv, sondern in Beziehung untereinander gekommen.

Es gibt kein Rezept, um in Ekstase zu geraten. Das heißt, es gibt keine Techniken, um die historischen Umstände so zu lenken, dass aus einer Anhäufung beliebiger Fakten jener Bruch entsteht, der die Enthüllung des Seins bedeutet. Es ist eine *Gnade,* um ein sehr altes und bedeutungsreiches Wort zu verwenden, das mit der göttlichen Großzügigkeit und im italienischen *grazia* auch mit weiblicher Anmut assoziiert ist. Ich schlage dieses Wort wieder neu vor, nachdem ich es in der italienischen Fassung eines amerikanischen Films, *The Soloist* von Joe Wright, gehört habe. Darin legt es eine Frau dem Protagonisten nahe, der nach einem Wort für diese ihm bisher unbekannte Erfahrung sucht.

Es gibt keine Rezepte, aber das Begehren führt in die Nähe einer solchen Gelegenheit, ein Begehren in großem Stil, das den Sinn für den Mangel schärft und all denjenigen, die es entsprechend aufrechterhalten, sensible Antennen verleiht.

Der Engel der Wirklichkeit: Präsenz und Möglichkeit

Die Wirklichkeit, die sich ohne Bedeutung zeigt, lässt uns in die Unwirklichkeit fallen; ist ihre Bedeutung schwach und ungewiss, dann verschwimmt uns die Wirklichkeit vor den Augen, wie es geschieht, wenn das Licht langsam erlischt.

Ich habe befürchtet, so könnte das Schicksal der Revolte aussehen, die die Frauen in diesen Jahrzehnten in vielen Teilen der Welt entfacht haben, wenn wir ihr ursprüngliches Anliegen nicht neu lancieren, sondern gefangen bleiben in den Kategorien Wettkampf oder Imitation, Rivalität oder Komplizenschaft, Emanzipation nach männlichem Maßstab oder Befreiung.

Das ist nicht das, wonach wir gesucht haben, aber sei's drum, könnte ich zu mir selbst, zu meinen langjährigen Freundinnen, meiner Großmutter vom Land, den »ungebildeten« Schriftstellerinnen[11] und Marylin Monroe sagen. Aber ich schaffe es nicht, das zu sagen. »Ich behaupte doch gar nicht, dass ihr mich schlecht behandelt habt, darum geht es auch gar nicht«, so schrie ich die Männer an, die in der Villa versammelt waren. Wer weiß, ob sie

11 Ich beziehe mich hier auf die Theologinnen, die sich in ihrer Muttersprache ausdrückten, allen voran Angela da Foligno: Sie war nicht nur der lateinischen Sprache, sondern auch des Schreibens unkundig. Wie hat sie das bloß gemacht? – Mit der Kraft des Heiligen Geistes.

wissen wollten, worum es ging … Sei's drum, es wird schon eine neue Welle des Feminismus geben – das würde ich mir sagen, wenn es nur um mich ginge, ich habe schon so viel gewonnen. Doch damit ginge auch eine Erwartung verloren, die in den Frauen und den Frauen gegenüber gewachsen ist, und auch dieses Mal würde das Glück, dass sie existieren (und unter ihnen auch ich), schlecht genutzt. Ich schaffe es nicht zu resignieren.

Und so hat ein Dichter die Figur des Engels der Wirklichkeit erfunden: der Engel, der die Wirklichkeit rettet, indem er ihre Bedeutung durchscheinen und deshalb von innen heraus strahlen lässt, auch wenn sich rings herum der Horizont verdunkelt. Das Erscheinen des Engels ist sehr kurz, gerade so lange, wie der Geist, wenn er sich öffnet, braucht, um zu sehen, was er vorher nicht sah. Der Engel der Wirklichkeit ist nichts anderes als die Wirklichkeit, die für kurze Zeit ihre unsichtbare Bedeutung durchscheinen lässt; es ist das Unsichtbare, das erscheint und dem Unsagbaren Worte verleiht. Es ist die Erfahrung der Bedeutung.

Für diejenigen, die den Engel in Aktion sehen möchten, erzähle ich nun die Geschichte von der Geburt Jesu nach Lukas. Die Religionen sind voll von derartigen Geschichten, aber diese hier kenne ich besser als die anderen, und sie war es auch, die besagten Dichter inspiriert hat. Sein Name ist Wallace Stevens, das Gedicht trägt den Titel *Angel surrounded by Paysans*.

Die Geschichte von der Geburt Jesu beginnt mit den Worten: »Es begab sich aber zu der Zeit, dass ein Gebot von dem Kaiser Augustus ausging, dass alle Welt geschätzt würde.« Diese Volkszählung war der Grund, weshalb Josef und die schwangere Maria ihr Haus in Nazareth verließen, um nach Betlehem zu gehen, und so geschah es, dass Jesus in Betlehem geboren wurde, an dem Ort, den der Prophet Jesaja angekündigt hatte. Lukas zitiert den Propheten nicht, wie es dagegen der Evangelist Matthäus in seiner Erzählung desselben Ereignisses tut. Lukas schreibt auch für nicht-jüdische Menschen und spricht lieber von einer Volkszählung, die die gesamte Menschheit betrifft. Sehen wir einmal von der – damals üblichen – Übertreibung ab, das Römische Reich mit der ganzen Welt zu verwechseln, ergibt sich da noch eine andere Frage: Aus der Geschichtsschreibung geht keineswegs hervor, dass Rom zu jener Zeit eine Volkszählung anordnete. Der Verfasser hat einen Fehler gemacht, auch wenn er bei der Recherche nach den Fakten akkurat vorging. Über das Wie lässt sich spekulieren, das Warum scheint klar zu sein: Es musste so arrangiert werden, dass der Messias gemäß Prophezeiung in Bethlehem geboren wurde, außerdem sollte das in einem großen, nicht ausschließlich jüdischen Rahmen geschehen.

Bis hierher arbeitet der Mensch mit eigenen Mitteln, die ihn nicht daran hindern, Fehler zu machen, wie wir gesehen haben; danach wird der Engel eingreifen. Wenn wir an Christi Geburt denken, haben wir die Weihnachtskrippe vor Augen, das ist eine Verarbeitung der überlieferten Geschichte, die sich erst Jahrhunderte später herausbildete. Was Lukas berichtet, ist nicht nur sehr knapp, sondern weicht in einigen Punkten auch von dieser Überlieferung ab. Maria und Josef, so lesen wir, kamen nach Bethlehem in eine Herberge, wo Maria das Kind in einem abgeschiedenen Winkel zur Welt brachte (vermutlich nicht wegen Platzmangel in der Herberge, sondern um sich nicht den Blicken der vielen Reisenden auszusetzen). Sie wickelte den Neugeborenen in Windeln und legte ihn in eine Futterkrippe; in diesen Herbergen fanden nämlich auch Tiere Unterkunft. Szenenwechsel: Draußen auf dem Feld waren Hirten, denen erschien ein lichtumstrahlter Engel; sie fürchteten sich sehr, doch der Engel beruhigte sie und überbrachte ihnen die Nachricht. In der Stadt Davids, so sagte er, ist ein Retter geboren, er ist der Christus, der Herr, und das habt zum Zeichen: Geht hin und ihr werdet das Kind finden, das in Windeln gewickelt in einer Krippe liegt. Und plötzlich füllte sich die Szene mit einer ganzen Schar von Engeln, die sangen »Ehre sei Gott in der Höhe und Friede auf Erden bei den Menschen seines Wohlgefallens«, und entfernten sich Richtung Himmel. Die Hirten berieten sich und gingen nach Bethlehem, wo sie Maria, Joseph und den Neugeborenen antrafen, genau wie der Engel es angekündigt hatte.

An diesem Punkt kommt die größte Überraschung: Nach ihrer Ankunft knieten die Hirten wohl nieder, wie es die Krippenszene zeigt, aber dann verbreiteten sie das Wort – also sie, die Hirten, erklärten, wer dieses Kind war (und weshalb sie vor ihm niedergekniet waren): »Er ist der Retter und der Herr der Menschheit«, sagten sie. Von Empfängern der Verkündigung waren sie zu Verkündigern geworden. Die Umstehenden wunderten sich über die Worte und kommentierten sie; Maria schwieg und bewegte sie in ihrem Herzen. Die Erzählung endet damit, dass die Hirten glücklich zu ihren Herden zurückkehrten und Gott lobpriesen (Lukas 2,1-20).

Eine wunderbare Lösung! Dadurch, dass die Verkündigung vom Engel auf die Hirten und auf alle, die hören wollten, übersprang, hat sich die Erkenntnis der Wirklichkeit als Glücksbotschaft in die Geschichte der Allgemeinheit eingeschrieben und wird nicht mehr verloren gehen – wie eine Wellenbewegung, die von einer Welle auf die andere übergeht, sich fortsetzt und zugleich erneuert.

Manchmal besteht zwischen dem Sichtbaren und dem Unsichtbaren ein verblüffendes Missverhältnis, wie das zwischen dem großen Strom und der kleinen Quelle. Von diesem Missverhältnis spricht Cristina Campo (auf sie als spirituelle und literarische Lehrmeisterin beziehe ich mich immer wieder). Ihr Engel der Wirklichkeit heißt: die Fähigkeit zu staunen. Unsere Zeit ist in der unglücklichen Lage, so die Autorin, nach großen, immer größeren Dingen zu streben, und so verliert sie die Fähigkeit zum Staunen. Als Beispiel nennt sie Marcel Proust, der eher ungerührt und enttäuscht reagierte, als er die Quelle des Flusses Vivonne erreichte, die er sich schon so lange in seiner Fantasie ausgemalt hatte, wie er in seiner berühmten *Suche nach der verlorenen Zeit* erzählt.

Ganz im Unterschied zu Proust reagierten die Hirten nicht ungerührt und enttäuscht, dort vor dem armen Neugeborenen, der wie ein Stück Obst auf Stroh gelagert war, in dieser chaotischen Herberge. Das Staunen angesichts der Winzigkeit der Zeichen ist der Weg der Wahrheit, erklärt Cristina Campo, ein umgekehrter Weg, der von ihrem irdischen Gewand aus zur Wahrheit gelangt und einen durch die Einfachheit der Seele geklärten Blick erfordert. Dabei nimmt die Autorin oft Beispiele aus den Märchen, eine ständige Bezugsquelle für ihre Reflexionen, wobei unterschwellig auch das Evangelium mitschwingt, das sie – vielleicht aus Ehrfurcht – nur selten nennt. Aber dann führt sie ein Beispiel aus ihren Erinnerungen an: Sie erinnert sich an einen Lastwagenfahrer, der mitten im sizilianischen Flachland anhielt, um dem Mitreisenden in einem Felshaufen, der wie ein Krater aussah, den Abdruck des Holzschuhs von Rinaldo di Montalbano, einer populären Figur aus der Ritterepik und des sizilianischen Marionettentheaters, zu zeigen, und sie fragt sich »Was mag dieser Mann bloß in dem kleinen Krater sehen?«[12]

Der sizilianische Lastwagenfahrer, der anhielt, um in der vertrauten Landschaft das Unsichtbare zu zeigen, verkörpert die Kraft des Blickes, gestärkt durch langes Warten, das geduldig, sogar zu geduldig macht, aber den Blick nicht verlöschen lässt und keine Resignation zulässt.

Es gibt einen Lehrsatz, so wurde mir gesagt, wonach alles, was möglich ist, auch wahr wird. Aber der Lehrsatz sagt nicht wann, ob in ferner, vielleicht sehr ferner Zukunft oder in der Vergangenheit ... oder vielleicht in der Gegenwart, vor unseren Augen. Und wenn wir das nicht bemerken? Wenn wir nicht imstande sind, das zu sehen?

12 Cristina Campo, »Les sources de la Vivonne«, in: Dies., *Gli imperdonabili,* Mailand 1987, S. 48 (Dt.: *Die Unverzeihlichen,* Berlin 1996).

Deshalb hat Wallace Stevens in seiner Interpretation der Geschichte von den Hirten im Lukasevangelium den Engel der Wirklichkeit erfunden, der erscheint und dann wieder verschwindet, aber Worte hinterlässt, die die Bedeutung dessen nennen, was geschieht und was es getreu zu bewahren gilt. Ich möchte also behaupten: Auf das Erscheinen eines Engels zu warten, wie ich es damals in meiner Angst tat, das Wertvollste zu verlieren, was ich habe – das ist nicht antiwissenschaftlich.

Der Engel der Wirklichkeit hat sich mir in einem Kunstwerk gezeigt, in einer der bekanntesten Arbeiten des Video-Künstlers Bill Viola. Es trägt den Titel *The Greeting* (Die Begrüßung) und war zum ersten Mal 1995 auf der Biennale in Venedig zu sehen; ich habe es am 5. Januar 2005 in Rom im Palazzo delle Esposizioni im Rahmen der Ausstellung *Visioni interiori* gesehen, die dem New Yorker Meister gewidmet war und am folgenden Tag endete.

Um mit einigen Gedanken fortfahren zu können, zu denen mich das Werk inspirierte, muss ich es hier beschreiben, was das direkte Betrachten nicht im Entferntesten ersetzen kann. Es handelt sich um ein großformatiges, zehnminütiges Video und zeigt eine Szene, die in Echtzeit nicht länger als fünfundvierzig Sekunden dauern würde. Also eine Szene in Zeitlupe? So könnten wir das wohl nennen, aber als Erstes wäre zu bemerken, dass die Zeit hier nicht so sehr verlangsamt, sondern vielmehr verdichtet wird, weshalb der/die Betrachtende sie gerne noch weiter verlangsamen würde, um sie vielleicht anzuhalten und in Ekstase zu geraten – *Extasis,* aus der Zeit heraustreten. In dieser Szene treffen sich drei Frauen an einer Straßenecke: zwei kommen von rechts, eine ältere Frau mit lose im Nacken zusammengebundenen Haaren und eine junge mit langen blonden Haaren, diese wird danach zwischen den beiden anderen in der Mitte der Szene, aber im Hintergrund zu sehen sein. Die dritte, eine junge Frau mit kurzen dunklen Haaren und einer Umhängetasche, kommt von links; sie ist schwanger, was aber nicht deutlich sichtbar ist. Die Ältere und die eben Angekommene sprechen miteinander; wir hören ihre Worte nicht, auch weil sie von einem immer lauter werdenden Geräusch überdeckt sind – wie das Rauschen eines Windes, der ihre leichten, weiten, bunten Gewänder bewegt. Doch ihre Gesten lassen uns erahnen, dass die junge Frau eine freudige Nachricht überbringt, und die beiden fassen sich bei den Händen. Im dunklen Hintergrund sind unten links zwei Männer zu sehen, in winzigen Proportionen, als wären sie sehr weit entfernt, aber sie befinden sich in derselben Straße; der eine gibt dem anderen Feuer (wenn ich recht gesehen habe).

Bei den zwei kleinen Gestalten unten links im Video von Bill Viola handelt es sich um das Zitat eines Gemäldes aus der italienischen Renaissance, der dritten *Heimsuchung Mariä* von Jacopo da Pontormo: Auf diesem Gemälde sind, neben mehreren anderen Parallelen zum Video, an der gleichen Stelle zwei Männer als Miniatur zu sehen. Wer sie sind, lässt sich erraten: Josef, der Bräutigam Marias, und Zacharias, der Mann von Elisabeth, denn alle Bilder mit dem Titel *Heimsuchung* nehmen die lange Tradition der biblischen Geschichte von Marias Besuch bei ihrer älteren Cousine Elisabeth auf; auch diese Geschichte stammt aus dem Lukasevangelium. Dort wird erzählt, dass das lange unfruchtbare Paar Zacharias und Elisabeth in fortgeschrittenem Alter einen Sohn zeugte, den zukünftigen Johannes den Täufer. Nachdem Maria das erfahren hatte, begab sie sich zu ihnen, um die Cousine bis zur Geburt zu unterstützen. Als sie sich trafen, war auch Maria gerade schwanger geworden, und sobald sie sich sahen, erahnte Elisabeth Marias Geheimnis und rief aus: »Gesegnet seist du unter den Frauen, und gesegnet sei die Frucht deines Leibes!« (Lukas 1,42)

Soll das heißen, dass Violas Video eine Heimsuchung des 20. Jahrhunderts ist? Nein, keineswegs, und es ist auch kein Zufall, dass der – an sich wenig relevante – Titel nicht so lautet. Im Video gibt es viele, nicht zu übersehende Querverweise auf die Vergangenheit, insbesondere auf Pontormo. Außer den bereits erwähnten sind dies das Treffen an einer Straßenecke vor dem Hintergrund einer Stadt im Schatten, die Körperhaltung, die Bewegung, die lebhaften Farben und die luftigen Kleider, die angedeutete Schwangerschaft, das Alter der beiden Frauen im Vordergrund – die eine jung, die andere älter –, das freudige Treffen und die zärtliche Berührung. Zweifellos liegen hier kunstgerecht erzeugte Querverweise vor, die über den italienischen Maler hinaus bis ins Lukasevangelium zurückreichen. Aber ebenso sicher, ja offenkundig ist, dass Viola in diesem Video die Vergangenheit mit ihren Kunst- und Religionsschätzen evoziert, um eine neue Bedeutung zu schaffen, bei deren Entstehung wir zuschauen und an der wir sogar völlig neu beteiligt sind;

ebenso neu ist das technische Medium, dessen Potenzialitäten der Künstler ausgiebig nutzt. Es ist bekannt, dass er die Ausdrucksformen der Renaissance-Kunst liebt, doch so viele explizite Parallelen es zu Pontormo gibt, so viele und explizite Unterschiede gibt es auch. »Ich habe ihn zum Leitbild genommen, um etwas Neues zu schaffen«, sagte Viola.[13]

Eine Konzession musste er allerdings machen, so erzählt er selbst, aber nicht an die Vergangenheit, sondern an die gegenwärtigen Umstände. Die Schauspielerinnen, die die Szene interpretieren sollten, sagten, sie bräuchten eine Handlung, und Viola, der noch nie ein Drehbuch für seine Videos geschrieben hatte, willigte ein. »Wir gaben den Figuren einen Namen und legten ein paar Informationen über sie sowie den groben Handlungsverlauf fest«. Das war eigentlich nicht in seinem Sinne, denn, so berichtet er, »ich wollte mich mit viel weitergehenden Themen auseinandersetzen«, aber am Ende kam eine Geschichte dabei heraus, und alle fühlten sich wohl damit, »außer mir«.[14]

Letztendlich vermittelt das Video aber nicht den Eindruck einer Rezitation, ganz im Gegenteil, es wirkt wie ein Ereignis, dem wir beiwohnen, und das ist viel mehr als nur ein Eindruck, denn es löst beim Zuschauen ein starkes Gefühl aus, zugleich Präsenz und Möglichkeit, wie es passend formuliert wurde. Vielleicht boten die Schauspiele-

13 Zitiert in *L'arte di Bill Viola,* hg. von Chris Townsend, Mailand 2005, S. 115 (Orig.: *The art of Bill Viola,* New York/London 2004).

14 Ebd.

rinnen, die eine Geschichte brauchten, die Gelegenheit, um zu entdecken (oder wiederzuentdecken), dass es keine weiterreichende Dimension gibt, wenn wir sie nicht ins Hier und Jetzt der menschlichen Kontingenz mit all ihren Wechselfällen – teils Zufall, teils Notwendigkeit – hereinholen.

Auch ein weiterer äußerer Umstand, der in das Werk eingeflossen ist und der meiner Meinung nach nicht weniger wichtig als der Einfluss der Sakralkunst ist, sollte erwähnt werden: Es war Sommer, Bill Viola stand mit dem Auto an einer Ampel, die Fenster waren wegen der Klimaanlage geschlossen. Er sah hinaus und sah in der Nähe zwei Frauen stehen, die miteinander sprachen, ohne dass er hören konnte, was sie sagten. Eine breitete plötzlich die Arme aus, und die beiden umarmten sich. Dann schaltete die Ampel auf Grün.[15]

Soviel ich weiß, hat der Künstler nicht erzählt, wie die Frauen aussahen, aber wir wissen es trotzdem, weil wir sie in den Schauspielerinnen in seinem Video sehen: Sie haben das typische Aussehen vieler Feministinnen der Siebziger- und auch der Achtzigerjahre, quasi ein Einheitslook der proklamierten Freiheit: lange, weite Röcke, locker sitzende, bunte Kleider, die Haare je nach Geschmack frisiert; keine Designer-Handtaschen, sondern selbstgenähte Säcke, offene, flache Sandalen, fließende Bewegungen, betont liebevolle Gesten.

Seltsamerweise sind die Frauen in der real erlebten Szene an der Ampel zu zweit, sie standen bereits da, und

15 Ebd., S. 112 und Anmerkung.

es waren keine Männer dabei – bei Pontormo sehen wir zwei winzige Männergestalten und vier Frauen in einer großartigen Bildkomposition; zwei im Vordergrund, die sich anschauen und anfassen, in einer tanzenden Bewegung, zwei andere stehen unbeweglich dahinter und blicken eindringlich in unsere Richtung. In *The Greeting* erscheinen die beiden winzigen Männer und zwei Frauen, die eine dritte treffen, eine steht zwischen den beiden Protagonistinnen und hört ihnen zu, ihre Gedanken können wir nicht erraten …

Das Spiel der Querverweise, der Unterschiede und der Zitate ist wie gesagt explizit, es soll uns nichts suggerieren, sondern ganz offensichtlich Elemente vermitteln, die zu einer Neu-Schöpfung beitragen. Letztere ist gänzlich den Frauen anvertraut, ebenso wie es uns, die wir zuschauen und zuhören, anvertraut ist, zu spüren, was da geschieht. Beide Künstler machen sich symbolisch klein, weil sie Künstler sind, aber auch – und vielleicht hauptsächlich – weil sie Männer sind: Sie beschließen, die Figuren ihres eigenen Geschlechts zu verkleinern, um das Missverhältnis angesichts einer Potenz darzustellen, die beim Treffen zwischen zwei Frauen freigesetzt wird. Weil sie Freundinnen Gottes und Hüterinnen des Lebens sind? Oder weil sie Geheimnisse hüten? Geheimnisvolle Freuden? Eine Differenz, die männliche Bewunderung hervorruft?

Es geschieht nicht oft, dass dieses »Mehr« zu sehen ist, aber wenn es geschieht, ist das kein Zufall, sondern eine Offenbarung. Dazu fällt mir das Fragment einer Rede ein, die ich kürzlich gelesen habe. Der Verfasser geht dabei auf das Weibliche ein, um anschließend zu bemerken, dass seine Worte sich auch auf die Frauen übertragen ließen … Oh nein, guter Mann, es ist umgekehrt, deine mentale Bewegung ist auf den Kopf gestellt! Vor dem Weiblichen kommen die Frauen, Frauen in Fleisch und Blut, diesen Vorrang musst du anerkennen, das weißt du doch aus eigener Erfahrung, ansonsten entwickelst du Fantasien, die alles andere als harmlos sind.

Auch Pontormos Gemälde evoziert den männlichen Blick auf eine Szene von Frauen, die unter sich sind – ein intensiver, aber geläuterter Blick auf Frauen, die den Mann vergessen, in einem geheimen, aber immensen Kreis von gegenseitiger Vertrautheit. Wenn Männer einen solchen Blick, ein solches Ohr haben, scheint das auf ihre Kindheitserfahrung zurückzugehen, die vielleicht einigen von ihnen geholfen hat, Künstler zu werden. Bei vielen anderen hingegen ist sie umgekippt und zu Misogynie geworden: ein tiefliegender Groll darüber, dass sie diese Verzauberung in der Beziehung mit Frauen in Fleisch und Blut nicht noch einmal erleben können.

In den letzten Jahrzehnten ist der leise, unspektakuläre Austausch unter Frauen, der unzählige Generationen wie eine geheime Tradition begleitet hatte, lauter geworden und hat etwas von sich gezeigt: eine Vertrautheit mit allem, was am Lebensanfang geschieht, die Entdeckung des eigenen Selbst und die Generierung der Welt ohne Trennung von Subjekt und Objekt. »Die Welt zur Welt bringen« haben wir das in der philosophischen Gemeinschaft Diotima in Verona genannt.

Jemand hat auch versucht, einen direkten Vergleich zwischen dem Video und dem Gemälde zu ziehen, und gemeint, bei Pontormo gehe es um schwebende, traumartige Gestalten und bei Bill Viola um reale Frauen. Wenn ein solcher Vergleich überhaupt sinnvoll ist, dann betrifft er meiner Ansicht nach den Blick und die Bewunderung der Männer: Ich würde sagen, dass sich die Bewunderung des italienischen Meisters in seinem Blick manifestiert, die des amerikanischen Künstlers hingegen im Hören: Seine Farben sind viel leuchtender, und leuchtende Farben haben einen Klang. Pontormo bemüht sich, ein unsichtbares Geheimnis zu sehen und sehen zu lassen, Viola bemüht sich, eine nie gehörte/unerhörte Botschaft zu hören und hören zu lassen. Der eine sperrt die Augen auf, der andere sperrt die Ohren auf, aber keinem der beiden gelingt es, die Sache zu entdecken. Das hätten sie wohl gerne gewollt, aber der Engel der Wirklichkeit hat sich gegen ihren Willen, in das Geheimnis einzudringen, durchgesetzt und hat die fünf Sinne so verwandelt, dass sie *mit* dem Sichtbaren auch das Unsichtbare und *mit* dem Hörbaren auch das Nicht-Gehörte/Unerhörte wahrgenommen haben. Bis er sein Ziel erreicht hat, nämlich die Bedeutung dessen zu zeigen, was vor unseren Augen geschieht und was uns oft so klein erscheint und doch keineswegs klein ist.

Eines Tages wird das unglaublich scheinen

Wenn ich vor einem Publikum von Frauen und Männern über diese Themen spreche (normalerweise sind es mehr Frauen als Männer, Letztere sind aber nicht weniger interessiert), sage ich manchmal als eine Art Test: »Männliche Exzellenz – wenn wir das hören, denken wir an höchste Perfektion, an herausragende Namen, die wir alle einzeln kennen«; und ich zitiere ein paar von den vielen, die wir alle in der Schule lernen. »Dasselbe könnte ich von Frauen aber nicht sagen«, füge ich hinzu – »Warum wohl?« Das Publikum schweigt und wartet ab, bis ich antworte: »Die großen Frauen sind ganze Heerscharen, eine unendliche Zahl, und nur sehr wenige kennen wir mit Namen, sie sind auch hier unter uns, aber wir kennen sie nicht namentlich.« Da applaudiert das Publikum und lacht, auch die Männer, weil alle spüren, dass ich es wirklich so meine und dass das stimmt.

Natürlich ist das ein Paradox, aber es gibt Wahrheiten, die lassen sich nur in paradoxer Form sagen. Was gesagt wird, scheint überhaupt nicht wahr, aber irgendwie spüren wir, dass es doch wahr ist: Das Paradox ist wie eine Nuss, die ihr Gutes in einer harten Schale verbirgt.

Jetzt ist die Zeit gekommen, uns von diesem Paradox der weiblichen Exzellenz zu lösen. Es beginnt nämlich der Untergang der Kultur, in der eine Minderheit im Glanz anderer lebte – auf Kosten einer gewöhnlichen Menschheit, die im Schatten stand. Und dieser Kulturwandel trägt ein weibliches Vorzeichen: Frauen sind die Wegbereiterinnen für einen Protagonismus, der nicht auf Kosten anderer geht, Frauen lehren uns, dass die Menschen durch die Beziehung zu anderen mehr gewinnen als durch den Konkurrenzkampf.

Wenn dann ein Mann, der diskutieren will, oder ein Junge, der Lust auf Streit hat, einwendet: »Aber die Frauen haben keine großen Entdeckungen gemacht und keine Meisterwerke geschaffen«, dann antwortet irgendjemand mit gesundem Menschenverstand, die Frauen hätten ja bisher weder die nötige Zeit noch die nötige Bildung und Freiheit gehabt.

Diese Antwort finde ich nicht akzeptabel; sie drückt zwar etwas Wahres, etwas sehr Wahres aus, verschweigt aber andere Dinge, die weniger offenkundig, aber umso bedeutsamer sind. Angefangen damit, dass die Kultur den Frauen eine Menge schuldet und dass die Frauen zugunsten der Männer in einem System namens Patriarchat ihres symbolischen und materiellen Reichtums beraubt wurden. Die Antwort sagt auch wenig darüber aus, auf welche Art dieser Raub erfolgte; das würde nämlich zur Erkenntnis führen, dass die westliche Welt, dieser selbsternannte globale Befreier des weiblichen Geschlechts, keineswegs besser dasteht als andere, wie die feministische Forschung gezeigt hat.

In den Texten der griechischen Antike hat die französische Forscherin Nicole Loraux (1943-2003) die Spuren dessen entdeckt, was ich an anderer Stelle den großen Trick unserer Kultur nennen werde. Loraux nennt es nüchterner »die griechische Operation, die später zur abendländischen wird«. Es handelt sich um eine metaphorische Operation, nämlich die Aneignung des Weiblichen durch die Männer. Ich habe sie angedeutet, als ich von dem Streit in der Villa der verarmten Signora erzählte. Ein Beispiel ist die Gebärfähigkeit: Kaum war die Mutterschaft in ihrer wörtlichen Bedeutung herabgewürdigt, da blühte schon die Rhetorik über die Fähigkeit der Männer zum Konzipieren (von lat. *concipere*, in sich aufnehmen, schwanger werden, Anm. d. Ü.) und zum Hervorbringen von großen Taten und großen Werken auf. Die französische Forscherin beschreibt diese Operation als eine Übertragung des Weiblichen, des lebendigen Körpers der Frau, in die Seele des Mannes, der ihn sich aneignet, um sich selbst und die Welt zu denken. Loraux bringt ihre Überlegungen mit der Aussage auf den Punkt, dass durch diese Operation »der Mann an Komplexität gewinnt und die Frau an Substanz verliert«.[16]

Wislawa Szymborska, Poetin, Philosophin und Literaturnobelpreisträgerin 1996, hat in einem Gedicht mit dem Titel *Przy Winie (Beim Wein)* diesen »Substanzverlust« dargestellt, wie wir ihn heute noch erleben, wobei der Traum von der großen Liebe eine entscheidende Rolle spielt (der stammt nicht aus dem Altertum, sondern aus

16 Nicole Loraux, *Les expériences de Tirésias. Le féminin et l'homme grec*, Paris 1989, S. 21.

dem Mittelalter). Die Darstellung ist eigentlich zum Lachen – das heißt, wir lachen, um nicht zu weinen. Dieses Gedicht verdient es, bekannt zu werden.[17]

Die Szene könnte sich in einem öffentlichen Lokal abspielen, so sehe ich das, aber es könnte auch in einer Wohnung sein, in der Küche zum Beispiel. Die Frau sitzt ihrem Partner gegenüber, sie ist aber in tiefster Einsamkeit versunken und erzählt, was bisher geschah, wie sie sich fühlt und was jetzt mit ihr geschieht. Sie beginnt mit der Vorgeschichte; die ersten drei Verse fassen eine wunderbare Romanze zusammen:

> Er sah, sein Blick gab mir Schönheit,
> und ich empfing sie als die meine.
> Glücklich, verschlang ich einen Stern.

Auf die große Gabe, die sie erhalten hat, folgt keine Reaktion, sondern wesentlich mehr (oder weniger) als das, was wir Reaktion nennen können, nämlich die Selbstaufgabe:

> Ich ließ geschehen, dass er mich ausdachte
> zum Ebenbild der Spiegelung
> in seinen Augen [...]

---

17 Wislawa Szymborska, in: Salz. Gedichte, übertr. u. hg. von Karl Dedecius, Frankfurt am Main 1973, S. 75f. Auf dieses Gedicht hat mich Anna Maria Robustelli aufmerksam gemacht.

Eine Zeitlang, wir wissen nicht wie lange – fünf Minuten, fünf Jahre oder fünf Jahrhunderte –, lebt sie in der Verzauberung. Und jetzt? Die Beziehung dauert noch an, wir lesen hier ja nicht die Klage einer Verlassenen, aber sie sieht das Ende und ihr ist völlig klar, was passiert ist:

> Tisch ist Tisch, Wein ist Wein
> im Glas, das ein Glas ist
> und stehend auf dem Tisch steht.
> Aber ich bin imaginär,
> unglaublich imaginär,
> imaginär bis ins Blut.

Hier, bei der Beschreibung des Phänomens, ist Szymborska Philosophin. In den zwei folgenden Versen tritt die Dichterin hervor, das Phänomen ist aber dasselbe: ein Verlust an Substanz bis hin zur Substanzlosigkeit, gekleidet in närrische Ausgelassenheit:

> Ich erzähl ihm, was er will: von Ameisen,
> die an der Liebe sterben
> unter dem Sternbild der Pusteblume.
> Ich schwöre, daß weiße Rosen,
> mit Wein besprengt, singen.
>
> Ich lache, neige den Kopf
> behutsam, als überprüfte ich
> eine Erfindung […]

Vielleicht ist sie betrunken, vielleicht auch nicht, hier sehen wir sie in Aktion, die Heldin so vieler Gedichte, Musikstücke, Romane, Komödien, Tragödien und Filme: immer bemüht, die ebenso perfekte wie vorgetäuschte reale Verkörperung dessen abzugeben, was er sich von ihr erwartet. Eine vorgetäuschte reale Verkörperung – das ist kein Widerspruch, der sich überwinden ließe, indem wir ihn zum Beispiel mit der Kunst, der Trunkenheit oder der Psychologie der Hysterikerin erklären. Ja, es ist auch gar kein Widerspruch. Ich sehe darin eher einen Trick erster Güte, mit dem sich eine Reihe von Kulturen am Leben erhalten hat, welche sich in der westlichen Welt einander überlagert und überholt haben, mindestens zweitausendfünfhundert Jahre lang, bis gestern. Die letzten von mir zitierten Verse des Gedichtes, das hier den Höhepunkt der Präzision erreicht, »Ich lache, neige den Kopf / behutsam, als überprüfte ich / eine Erfindung«, verweisen weder auf die Arbeit einer Künstlerin noch auf eine pathologische Mimik; sie beschreiben vielmehr eine vorsichtige, schwierige Bewegung, bei der die Protagonistin riskiert, sich den Hals zu brechen, wie eine Seiltänzerin, deren einzige Sicherung in seinem Blick besteht. Warum tut sie das? Aus Liebe, so scheint es in diesem Gedicht, aber neben Liebe könnte es auch andere Gründe geben.

Als die Erzählung endet und das lyrische Ich schweigt, sitzt vor dem Mann ein Schemen:

> Blickt er an mir vorbei,
> such ich mein Spiegelbild
> an der Wand. Dort seh ich nur
> einen Nagel, kein Bild.

Aber Vorsicht, mit dem Ausdruck »metaphorische Operation« sind keineswegs nur Sprache, Redensarten oder poetische Bilder gemeint, o nein! Zusammen mit der Bedeutung der Wörter haben sich auch die Namen verändert, die Häuser, die Felder, die Herden, die Macht, die Privilegien, egal ob es viele oder wenige waren. Und das Geld, zum Beispiel das Geld, das nötig war, um die Söhne weiter zur Schule zu schicken, während *sie* nach Beendigung der Schulpflicht im Dorf blieb, und wenn sie ein neues Kleid wollte, um am Sonntag mit ihren Freundinnen auszugehen, dann hieß es nein, denn in jenem Haushalt mit vier Söhnen, die in der Stadt zur Schule gingen, war nie Geld übrig. Das ist ein Beispiel unter Millionen, eines, das ich gut kenne, denn sie hat es mir erzählt – sie, die mittlerweile eine alte Frau war, aber das hat sie nicht vergessen und nicht vergeben. Ab und zu heißt es heute noch, wie in den heißesten Jahren des Feminismus: »Die Wut der Feministinnen«. Wenn ihr wüsstet, so möchte ich da kommentieren, wenn ihr wüsstet, wie groß die Wut der Nicht-Feministinnen war, wie groß diese Wut sein kann!

Die Worte eines einzigen Mannes habe ich gehört, oder besser gelesen, der auch wirklich wütend darüber war, wie unsere Kultur die Frauen so behandeln konnte: Es ist der Dichter Franco Fortini in seiner Einleitung zu den *Unveröffentlichten Briefen von Paolina Leopardi,* der Schwester des Schriftstellers Giacomo Leopardi.

Die Sammlung dieser Briefe erschien 1979, was schon als Reaktion des Verlagswesens auf die Frauenbewegung gelten kann, denn diese stellte von Anfang an eine große, begeisterte Leserinnenschaft der Texte von Autorinnen dar. Der Frauenbuchladen Mailand – nicht der einzige in Europa und in Italien – war vier Jahre zuvor eröffnet worden. Aber Fortini sah nicht das Neue, das sich in einer historischen Kultur abzuzeichnen begann, die sich auf die Dauer völlig wandeln muss, um keine einseitige Geschichte der Männer zu bleiben. Er sah eher, und auch zu Recht, die herkömmliche, damals vorherrschende Seite: Die Veröffentlichung der bescheidenen Briefe dieser Frau mit ihrem eintönigen Leben sollte dazu dienen, die große historische Figur ihres Bruders noch stärker ins Licht zu rücken. Und was Fortini sieht und wozu er selbst gerade beiträgt – damals galt das als völlig normal –, führt ihn wie keinen zuvor zur Erkenntnis eines wahren Horrors: »Es hat etwas Grausames und Widerwärtiges an sich, wie wir mitleidig die Lebensspuren von Menschen zusammentragen, die im »Widerschein anderer« (welch schändlicher Ausdruck) gelebt haben. Wie zum Beispiel die Schwestern«, und er zählt eine ganze Reihe davon auf, neben der Schwester von Leopardi auch die von Pascal, Goethe, Rimbaud ... Die Natur dieser Ungerechtigkeit ist ihm völlig klar, doch, wie gesagt, weiß er nicht, wie sie zu bekämpfen ist. Der wahre Skandal, so schreibt er, liegt in einer Kultur, die Menschen einfach benutzt, so dass eine Person nur für eine andere lebt. Das löst bei ihm Entsetzen aus, *»Entsetzen nicht so sehr über die Ungleichheit der Schicksale, sondern vielmehr darüber, nach welchen Kriterien und auf welchem Niveau sie interpretiert werden«.* Die Hervorhebung stammt vom Autor selbst.[18]

Um unsere Gegenwart zu verstehen und um zu erklären, inwiefern die Frauen mit einer Antwort auf dieses Problem den Männern voraus sind, muss der letzte eben zitierte Punkt klar sein: Die Bedeutung (die Interpretation), die die Menschen den Dingen oder den Personen geben, ist ein konstitutiver Bestandteil dessen, was geschieht, im Guten wie im Bösen. Einfacher bzw. als negative Erfahrung formuliert: Die Erfahrung, in den Augen der anderen weniger oder sogar gar nichts zu zählen, kann einen Menschen umbringen.

Das erste theoretische Manifest des italienischen Feminismus *Il maschile come valore dominante* (Das Männliche als herrschender Wert , 1967) lenkt die politische Reflexion genau auf dieses Terrain: »Wir sehen also, dass die Begriffe ›männlich‹ und ›weiblich‹ dort, wo die biologische Bedeutung aufhört, die ganze Last von zwei Wertekategorien tragen, mit dem gesamten Spektrum von Herrschaftsmechanismen und Abhängigkeiten, die daraus folgen. Diese Kategorien werden in den meisten Fällen nicht mehr dazu benutzt, um das Geschlecht zu benennen, sie benennen die Signifikate der Menschheit, die aus Männern und Frauen besteht.«[19]

Das Unrecht, das Paolina Leopardi und Ihresgleichen angetan wurde, besteht darin, dass man ihnen Wert und Sinn ihrer Existenz geraubt und manchmal auch Nah-

---

18 Giampiero Ferretti (Hg.), *Lettere inedite di Paolina Leopardi,* mit einer Einleitung von Franco Fortini, Milano 1979, S. 142f.

19 Der Text, unterzeichnet von Daniela Pellegrini, Lia Cigarini und Elena Rasi, erschien 1968 in der zweiten Nummer der Zeitschrift *il manifesto.* Ich zitiere ihn aus *I movimenti femministi in Italia,* hg. von Rosalba Spagnoletti, Roma 1978, S. 49.

rung, neue Kleider und Bildung vorenthalten hat – ein ebenso realer Raub, gegen den es scheinbar keine Möglichkeit der Verteidigung und keine Gegenmaßnahmen gegeben hat: Millionen und Abermillionen von Menschen, denen man einen mehr oder weniger großen Teil des Wertes ihres Daseins und erst recht die Mittel zur Aufwertung ihrer selbst geraubt hat, angefangen mit der Bedeutung ihrer eigenen Erfahrung, und das einfach, weil sie Frauen waren! Und daher gezwungen, vom Urteil anderer abhängig zu sein, und es erst einmal verdienen zu müssen, überhaupt zu existieren – selbst in ihren eigenen Augen. Eines Tages wird das unglaublich scheinen, bis gestern haben das viele als selbstverständlich betrachtet und deshalb gar nicht wahrgenommen. Das gehört noch nicht der fernen Vergangenheit an.

Es war unmöglich, sich dagegen zu wehren, oder – noch schlimmer – die einzige Möglichkeit wäre gewesen (manch eine hat es auch versucht), als Ausnahmefrau, ganz anders und viel besser als die anderen, aufzutreten. »Sie handelt wie ein Mann«, »sie redet nicht wie eine Frau« – das waren Komplimente. Ganz abgesehen davon: sich wehren – gegen wen? Wenn von diesem Raub doch eine Kultur profitiert, die darauf basiert, Menschen so zu benutzen, wie Fortini schreibt. Seine Empörung ist verständlich, denn auch er, der sich objektiv auf der Seite der Verantwortlichen befindet, entdeckt, dass er machtlos ist, sich dem zu widersetzen, so machtlos wie die Opfer.

Die politischen Theorien, die einen Blick für Ungerechtigkeiten haben, legen den Schwerpunkt auf die ungleiche

Verteilung der materiellen und immateriellen Güter, aber das, wovon hier die Rede ist, haben sie nicht registriert. Dabei geht es auch hier um ein verweigertes oder »ungleich verteiltes« Gut, allerdings ein Gut, das auf einer so elementaren Ebene, mit so elementaren Mitteln entsteht, dass es fast nicht ins Auge fällt. Giacomo Leopardi spielte darauf an, als er vom »Ruhm« sprach, und in Jugendjahren diejenigen bedauerte, die den Ruhm nicht einmal anstreben können (er sah jedoch nicht die Kluft, die sich zwischen ihm und seiner Schwester, seiner geliebten Spielkameradin und Vertrauten, auftat).

Heute hat dieses Gut einen Namen bekommen, und zwar »Anerkennung«; das ist noch nicht wirklich sein Name, aber er genügt, um es so weit zu benennen, dass wir darüber sprechen können. Heute ist das Bedürfnis nach Anerkennung bekanntermaßen stark ausgeprägt und weit verbreitet. Manche AnalytikerInnen betrachten das als Symptom eines Unbehagens, das mit dem heutigen Individualismus zusammenhängt. Dem stimme ich nicht zu; ich denke, der Wunsch nach Anerkennung hat tieferliegende, nicht-pathologische, relationale Wurzeln: Er drückt das Bedürfnis aus, in den Augen von anderen zu sehen, dass die eigene Existenz Wert hat, denn ohne diese Bestätigung wird es schwer, ihr in den eigenen Augen Wert zu verleihen.

In Leopardis Augen konnte man Anerkennung auf ganz edle Weise erwerben, indem man große, denkwürdige Werke vollbrachte. Da sind wir heutzutage tief gesunken: Anerkennung ergibt sich aus Erfolg, und Erfolg zeigt sich in den Augen der Massen durch einen Auftritt im Fernsehen. Von Leopardis Ruhm zum Dschungelcamp – ein schlechter Fortschritt!

Aber was auch immer die Namen, die Mittel oder die Surrogate sein mögen: Der eigentliche Ursprung des Anerkanntwerdens, anerkannt in der eigenen, singulären Existenz und nicht in der Zuträgerfunktion für einen anderen oder für andere – dieses Gut entsteht in der Beziehung mit der Mutter. In dieser Beziehung wurzeln wahrscheinlich auch andere, ganz besondere Güter wie Autorität und Vertrauen.

Wenn wir über diese Dinge reflektieren, so gilt es als Erstes zu wissen, dass es in der Mutterbeziehung weder Gerechtigkeit noch Ungerechtigkeit gibt; es kann sie auch gar nicht geben, denn diese Beziehung kommt noch vor der Herausbildung des Gerechtigkeitssinns. Die Anerkennung durch die Mutter ist eine Gabe im Reinzustand; sie entsteht durch die Gratifikation seitens der Mutter, die sich in dem Geschöpf widerspiegelt, dem sie das Leben geschenkt hat. Doch dann gerät auch dieses Gut, wie die anderen Güter, die ihren Ursprung in der Beziehung mit der Mutter haben, ins gesellschaftliche Leben – es zirkuliert, verändert sich, verbreitet sich, verkauft sich, wird gekauft, imitiert, akkumuliert, je nach der symbolischen Ordnung (oder Unordnung) einer bestimmten Gesellschaft. Und so entsteht die Ungerechtigkeit, die den Dichter Franco Fortini empörte: die Aufwertung des Männlichen auf Kosten der Frauen, tatsächlich auf deren Kosten, denn jetzt entdecken wir, dass dieses Gut weiblichen Ursprungs ist.

Dabei geht es nicht nur um die Mutter, denn in jeder Situation des Austauschs unter Menschen, wo eine Frau präsent ist, lebt etwas von dieser alten Beziehung wieder auf, und dieses Gut, das keinen Namen hat, reproduziert sich. Aber das, was von ihrer Seite unentgeltlich angeboten wird, ob ihr das nun bewusst ist oder nicht, wird ihr sofort entwendet und von Männern verwendet – ohne Gegenleistung, als wäre ihnen das geschuldet. Es ist so etwas wie der Raub einer symbolischen Substanz, und ist nicht zwangsläufig das Werk Einzelner, da diese Kultur selbst so angelegt ist, wie wir gesehen haben.

Die unglückliche Heldin des Gedichts *Beim Wein* hat alles daran gegeben, um dieses Gut zu produzieren und es *ihm* zu schenken, ohne zu bedenken, dass sie nach dem ersten unbeschreiblichen Glücksmoment nichts oder fast nichts zurückbekommen wird. Als sie dann nichts mehr produziert und nichts mehr schenkt, da hasst und beleidigt er sie, auch in der Öffentlichkeit: Es sieht aus wie ein Akt der Frauenverachtung, aber es ist die unerträgliche Enttäuschung eines Säuglings. Dazu fällt mir eine sehr traurige Geschichte ein, die hierzulande durch die Medien ging: der brutale Mord an einer jungen afrikanischen Frau, die ohne Namen blieb, im Piemont mitten auf dem Land. Der Täter war ihr ebenso junger Kunde; er tötete sie ohne irgendeinen Grund wie Geisteskrankheit oder Habgier – der Grund war eben dieser, wie der Aussage des blutüberströmten Mörders vor den entsetzten Polizisten zu entnehmen ist: nämlich dass die Frau gelacht hatte, als sie die Dimension seines Penis sah.

Ich beschreibe hier das gewöhnlichste aller Phänomene, die sich in der heterosexuellen Logik in jedem Bereich feststellen lassen, ob es um Heilige oder Prostituierte geht. Oft musste eine Heilige darum kämpfen, für ihre transzendente Liebe wenigstens einen Teil dessen zu bewahren, was die Kirchenmänner für sich beanspruchten. Unter den vielen möchte ich eine nennen, die im 18. Jahrhundert lebte, Celeste Crostarosa, geboren in Neapel, gestorben und verehrt in Foggia.

All dies erwähne ich hier als wichtige Vorgeschichte eines Ereignisses, das in der feministischen Geschichtsschreibung zu Recht als inauguraler Akt, als Beginn der heutigen Frauenbewegung gilt, ein scheinbar unbedeutendes Ereignis, aber so ist es immer am Anfang von bedeutenden Geschichten.

Es war in den Sechzigerjahren in einer ziemlich normalen Situation bei einer politischen Versammlung an der Universität. Doch an diesem Tag wurde der bisher unbemerkt gebliebene Raub symbolischer Substanz plötzlich spürbar, und die Betroffenen, einige junge Frauen, merkten das und beschlossen, sich Gerechtigkeit zu verschaffen: Sie ahnten, dass die Sache in ihren Händen lag, und beschlossen ganz einfach, diesen Ort zu verlassen und anderswohin zu gehen, um zu reden, wie sie wollten und worüber sie wollten.[20]

Sie trennten sich von der gemischten Versammlung und blieben zusammen, um anderswo und anderswie zu reden, und damit hatten sie eine Praxis erfunden, um das kostenlose, fundamentale Gut des Existierens und des

20 Vgl. *Il femminismo degli anni Settanta,* hg. von Teresa Bertilotti und Anna Scattigno, Roma 2005, S. 31f.

Sich-existieren-Fühlens zu produzieren und zugunsten der Frauen zu verteilen. So ist der freie Sinn, die freie Bedeutung der sexuellen Differenz zur Welt gekommen. Die Aktion dieser Frauen war so einfach und so bedeutungsstark, dass zahllose andere sie sofort aufgriffen und so zu einer großen Bewegung wurden, die um die Welt ging. Worüber sprachen diese Frauen in den separaten feministischen Gruppen? Darüber wurden schon ganze Bücher geschrieben, aber es lässt sich mit einem Wort sagen: über das Wesentliche. Das war wie ein kräftiger Wind, aber die Welle, die hier entstand, wurde auch durch tieferliegende Energien ausgelöst. Auch ich war dabei. Ich fühlte mich wie eine wiederbelebte Karyatide, eine jener Stützfiguren aus Stein, die sich von der Fassade löst, um frei herumzulaufen. Ich erinnere mich, dass ich wirklich herumlief und verkündete, dass die Zeiten vorbei waren, in denen wir den Wertehimmel von anderen hochhalten sollten. Da wirkte eine Kraft, die weder von den Medien (die verstanden wenig und sympathisierten nicht mit uns) noch von einer Organisation (die hatte es nie gegeben) abhing, sondern vom direkten Kontakt in einer wechselseitigen und transitiven Beziehung – ohne Kalkül, ohne Hintergedanken, und dadurch wurden latente Möglichkeiten freigesetzt. So waren wir zum Beispiel plötzlich intelligenter. Eine formulierte die Idee: Das ist schon Politik, und das Bewusstsein darüber bewirkte einen Bruch in der jahrhundertealten politischen Geschichte.

Später nannten wir das *primäre Politik,* als wir verstanden, dass nicht-zweckorientierte Beziehungen ein Wissen und eine Macht erzeugen, deren Qualität höher ist als das, was mit den Mitteln der politischen Macht, einschließlich der politischen Repräsentation, zu erreichen ist. Wenn du in dieser Welt (»diese« im Vergleich zur himmlischen Welt, aber auch zu anderen menschlichen Welten) deiner Existenz Sinn und Wert verleihen willst, wenn du nicht willst, dass dein menschlicher und persönlicher Wert den Geiern und Hyänen zum Opfer fällt, dann solltest du das besser direkt tun, ohne es an andere zu delegieren, egal ob du Frau oder Mann bist: ausgehend von dir selbst und mit der Qualität deiner persönlich gepflegten Beziehungen. Die Tatsache, dass sich alternative gemeinsame Projekte immer mehr ausbreiten, zeigt, dass dieses Bewusstsein wächst und nicht spezifisch weiblich oder feministisch ist. Was wir, die als Feministinnen bezeichnet werden, entdeckt haben, ist der alternative politische Wert dieser Praxis – alternativ zur Politik der Macht. Oder wohl genauer gesagt: alternativ zu der Macht, die die Politik auffrisst und am Ende auch die Menschlichkeit und die Menschheit auffrisst.

Die weiter vorn zitierte Antwort, die Frauen seien benachteiligt gewesen und hätten deshalb keine großen Entdeckungen machen und keine Meisterwerke vollbringen können, ignoriert die Tragweite der Revolte der Frauen und reduziert sie auf eine Frage der Gleichstellung. Und folglich ignoriert sie, was schon gewonnen ist oder noch möglich ist, unter anderem die Gleichberechtigung. Diese ist nicht zu erreichen, indem wir der Gleichheit hinterherrennen, es braucht einen stärkeren Elan, wie der einer Athletin, die das Zielband mit dem Blick auf das Darüber-Hinaus durchbricht.

Der große Gewinn liegt für mich darin, dass wir sofort damit beginnen können, uns Gerechtigkeit zu verschaffen, in dem Sinne, wie ich bereits erklärt habe: die Wirklichkeit mit Kriterien zu betrachten, die unabhängig von den herrschenden Werten sind, und entsprechend zu handeln, ohne mit einer bloßen Anti-Haltung Zeit und Energie zu verlieren. Diese Möglichkeit ist zum Greifen nah, wenn wir das Geheimnis der Beziehung in der Hand haben – der Beziehung, die einer Person Wert verleiht für das, was sie ist, samt ihren größten Wünschen und ihren verborgensten Potenzialitäten.

Alle Entdeckungen, selbst scheinbar plötzliche Eingebungen, durchlaufen eine Reihe von Etappen. Eine schwierige Etappe der Entdeckung, von der ich hier spreche, besteht darin, sich auch von jenem Gerechtigkeitssinn freizumachen, der die Frauen ausschließlich oder vorwiegend zu Opfern macht. In der Tat gibt es die Versuchung, sich grundsätzlich als Opfer darzustellen. So wie es Weine gibt, die, obwohl sie nach allen Regeln der Kunst gekeltert wurden, aufgrund ihrer empfindlichen Natur dennoch schlecht werden, so kann das Bedürfnis nach Anerkennung abgleiten in die Beschwerde, die dann zum Protest, zur Jammerei und zur vergeblichen Vorwurfshaltung wird.

Die wertschätzende Beziehung hilft diesem Bedürfnis, das per se immer zwischen Selbstwert- und Mangelgefühl schwankt, diese Gratwanderung aufrechtzuerhalten – und diese Gratwanderung ist nichts anderes als die conditio humana selbst. Frauen sind gut darin, sich durchzukämpfen zwischen dem, was vorhanden ist, und dem, was fehlt, daran erinnert uns die Rede von Irina Petrescu zu Anfang dieses Buches. Daran erinnert uns auch, auf seine Art, der griechische Philosoph Platon in seinem *Gastmahl,* wo er das schönste Lob der Liebe, das es gibt, einer Frau in den Mund legt. Sie beschreibt die Liebe genau in dieser Form: Sie kommt und geht, auf halbem Wege zwischen Wissen und Nicht-Wissen, zwischen Haben und Nicht-Haben. Die Frau ist die Priesterin Diotima aus Mantineia, die Sokrates als seine Lehrmeisterin bezeichnet.

Wenn sich der Blick ändert, ändert sich auch die Landschaft.

In Italien wissen alle, was der »böse Blick« ist; dieser Aberglaube hat, wie andere auch, etwas Wahres an sich, etwas, was auch wir anerkennen können, nämlich dass der Blick beim Sehen dessen, was er sieht, von dem beeinflusst ist, was wir im Kopf haben. Das ist so ununterdrückbar, dass die Menschen, die beurteilen sollen, was sie sehen, auch lernen – wenn sie klug sind –, das zu erkennen, was sie im Kopf haben. Wenn ich Verachtung empfinde, erscheint mir die Wirklichkeit verachtenswert, wenn ich hasse, hassenswert, wenn ich hoffe, wird sie vielversprechend, wenn ich liebe, liebenswert … In Wirklichkeit läuft es genau so: Die Erkenntnis entsteht durch eine Beziehung des Austauschs mit den Dingen, und es handelt sich um echte Erkenntnis, aus dem einfachen Grund, weil wir ein lebendiger, integraler Bestandteil der Wirklichkeit sind. Diese Beziehung muss natürlich gesteuert werden, so wie ein Boot mit Hilfe von Segeln und Steuerruder durch die Meereswellen gelenkt wird.

Als ich in mir, ausgehend von mir, spürte, dass die Frauen um ihrer selbst willen existieren und nicht als Zweite oder als Gleiche oder Komplementäre in Bezug auf die Männer, hat das mich selbst und die Welt verändert; wir haben uns beide verändert, denn sobald das für mich wahr wurde, begann sich die Welt mit Frauen zu bevölkern – nicht nur in meinem Leben, sondern überraschenderweise auch in der Geschichte: Sie kamen und kommen immer noch hervor aus den Erinnerungen der Menschen, herab von den Dachböden, aus den Kisten der Bibliotheken und Archive, aus den Kellern der Museen … Unter ihnen habe ich auch Paolina Leopardi gesehen: Sie zog mit im Marsch der Vielleserinnen, die im 19. Jahrhundert die literarische Produktion maßgeblich beeinflussten und Richtung Roman orientierten und im 20. Jahrhundert die Gründung von Frauenbuchläden anregten. Und dieser Marsch mündete in einen breiteren Strom ein: den Strom der Frauen, die nie auf Glück verzichtet haben. Frauen, denen es nichts ausmacht, wenn sie deshalb als Illusionistinnen gelten – und sie haben recht, denn im Allgemeinen heißt es zwar »Wunsch« nach Glück, aber für unsere Seelen ist Glück ein Bedürfnis.

In dieser veränderten Landschaft wurde bald sichtbar, dass die Frauen, ganz anders als gedacht, eine große Anzahl bemerkenswerter Projekte hervorgebracht haben, weshalb viele von ihnen zu ihrer Zeit geschätzt wurden (oder bisweilen verfolgt, wenn sie unbequem waren, nicht anders als die Männer). Doch als die Geschichte neu geschrieben wurde, verschwanden diese Frauen oder wurden kleiner gemacht. Die sogenannte Geschichte ist bekanntlich immer das Resultat von einer oder mehreren Neufassungen – aufgeschrieben, um nicht zu vergessen, so heißt es, aber auch das Gegenteil stimmt: Sie werden aufgeschrieben, um zu vergessen, das heißt, um die Vergangenheit zu »normalisieren« oder in eine Linie mit der Gegenwart zu bringen.

Der durch die Revolte der realen Frauen ausgelöste Bruch hat bestimmte Urteilskriterien und auch die Vorstellung von angeblich neutralen und objektiven Kriterien verändert. Das ist neben Internet und Globalisierung einer der Faktoren, die den Blick auf die Welt verändern und die Geschichte wieder in ihren Zickzack-Kurs zurückführen, und das hilft uns dabei, den Blick auf dunkle und verborgene Ecken zu lenken.

Seit jener Zeit ist mein Leben als Forscherin, wie das vieler anderer, Männer inbegriffen, anstrengender und spannender geworden, genauso wie mein Leben als Leserin, denn nun komme ich auch in den Genuss der Forschungsergebnisse von anderen. Ich denke da zum Beispiel an die Geschichte der Mystik, die durch eine starke Präsenz von Frauen und deren Beiträge gekennzeichnet ist: Sie müssen Eingang finden in die Darstellung der Vergangenheit, oder wir können sie auch – warum nicht – direkt in unsere Gegenwart hereinholen, um zu versuchen, besser zu leben. Ich denke auch, um ein anderes Beispiel zu nennen, an die moderne Vorstellung von Gesellschaft, die unsere Geschichtsbücher nach wie vor den französischen und englischen Philosophen zuschreiben. Doch dann entdecken wir in einem Buch von Benedetta Craveri,

La civiltà della conversazione (Die Konversationskultur), einem wahren Meisterwerk der Historiografie, dass diese Vorstellung eine längere, faszinierendere Entstehungsgeschichte hat, in der den großen Damen des 17. und 18. Jahrhunderts eine bedeutende Rolle zukommt. Die *philosophes* gelangten erst in deren Schlepptau in die Salons, nachdem sie viel, aber nicht unbedingt das Beste verstanden hatten.[21]

In der Tat ist es heute wichtiger denn je, dass wir – Frauen wie Männer – lernen, das Beste zu erkennen und es auch in der Praxis neu zu schaffen.

Zu den Entdeckungen, die Frauen zuzuschreiben sind, gehört auch der bereits zitierte Auszug der Studentinnen aus der gemischten Versammlung, um miteinander zu sprechen, wie und worüber es ihnen passte. Das war keine geringe Entdeckung. Vor einiger Zeit ging ich mit einem meiner Enkel eine Seite aus seinem Geschichtsbuch über die Lage der Frauen im Mittelalter durch, und er, noch ein Kind, rief mit glühenden Wangen aus: Aber wieso habt ihr euch denn nicht gewehrt? Ich musste erst einmal nachdenken, und dann erzählte ich ihm die Tragödie von Medea, die gegen den Mann rebelliert, der sie verlassen hat, nachdem er sie von ihrem Volk entfernt hatte, und ihn bestraft, indem sie ihre gemeinsamen Kinder tötet. Was können wir tun? Es gilt eine Art der Revolte zu finden, ohne zu töten oder getötet zu werden – und wie wir gesehen haben, wurde sie gefunden.

---

21 Benedetta Craveri, *La civiltà della conversazione*, Milano 2001.

Was ich hier schreibe, wirkt wie eine Erzählung, und zum Teil ist es das auch, aber wenn ich den unsteten Gebrauch der Zeiten und andere grammatikalische Merkwürdigkeiten betrachte, die in allen Kapiteln auftauchen, wird mir bewusst, dass es keine Erzählung im üblichen Sinne ist. Ich verfolge eine Sache, die sich, zeitlich gesehen, in eine Richtung oder in die andere und auch seitwärts bewegt, in einem Moment passiert diese Sache, dann hört sie auf zu passieren, dann geht sie wieder weiter, zunächst an Orten und in Modalitäten, die alle nachprüfen können, dann wieder unter anderen Umständen, auf die niemand Zugriff hat, und ich verfolge sie mit Worten, deren Bedeutung hin und her schillert wie die Farben bei changierenden Stoffen; auch die Personalpronomen verwandeln sich wie im Traum: Einmal bin ich ich selbst, aber dann bin ich eine von ihnen, die zum Wir wird, das ein Ich wird, das euch sucht …

Ich frage mich, ob das nicht die unvermeidbaren Veränderungen in der zukünftigen Kommunikation vorwegnimmt, wenn sich der Kitt der persönlichen oder kollektiven Identitäten auflöst, in einer Welt, die unvorhersehbaren politischen und intersubjektiven Veränderungen ausgesetzt ist. Ich weiß es nicht, aber ich fürchte es nicht – ja, dieses Sich-Zerlegen der Konstruktionen und das Sich-Neukombinieren der Elemente, diese Lockerung der Unumkehrbarkeit der Zeit, was sie dem Raum ähnlich macht – all das gefällt mir, und all das kommt wohl daher, dass eine Frau sich nicht nur in eine Richtung, sondern auf mehreren Seinsebenen bewegt. Und die potenzielle Energie, die sich aufgrund einer unabänderlichen Ungleichheit wie Wasser in einem Becken angestaut hat und sich weiterhin anstaut, wird ihr zugutekommen.

Die sexuelle Differenz ist eine Tatsache, die die Geschichte tausendfach multipliziert, und die Rechnung geht nie auf. Wenn also jemand anfängt, Meisterwerke und Entdeckungen abzuzählen – wie viele Männer, wie viele Frauen? –, und dann feststellt, dass die Männer in der Überzahl sind, dann kann ich nur antworten, dass die Frauen auch anderes zu tun hatten: Nicht zuletzt hatten sie eine Partie fortzusetzen, die bereits zu Anfangszeiten der Menschheit eröffnet wurde und die darin besteht, (um etwas in Worte zu fassen, wofür es keine Worte gab:) sich für die Lebenden einzusetzen und den Lohn dafür in der Liebe zu suchen. Ja, sie hatten anderes zu tun, und wir können so weit gehen zu sagen: Sie hatten Besseres zu tun.

Das Privileg

Bei all dem, was wir heute sehen – mit bloßem Auge oder mit technischen Hilfsmitteln –, sehen wir am Ende keine Wunder mehr; bei all dem, was wir wissen oder zu wissen glauben, bietet die Welt keine Rätsel mehr. Hat die Wirklichkeit das Wundersame abgelegt? Ja und nein: Mehr als die Wirklichkeit hat unser Blick etwas abgelegt; er scheint die Fähigkeit verloren zu haben, zusammen mit den gegebenen Dingen auch den immensen Hintergrund des Möglichen zu sehen, bis an den Rand des Unmöglichen. Ohne das, so glaube ich, meinen wir die Dinge zwar zu sehen, aber es sind nur isolierte Fragmente.

Doch unternehmt einmal den Versuch und schaut hin, wenn ihr auf der Straße oder an einem anderen öffentlichen Ort eine Frau mit ihrer kleinen Tochter vorbeigehen seht. Schaut genau hin, wie sie gehen, wie sie gekleidet sind, wie sie frisiert sind; in der Frisur des kleinen Mädchens werdet ihr den Stil der erwachsenen Frau erkennen. Schaut hin, wie die beiden sich bewegen, wie sie sich anschauen, sich umschauen, hört ihnen zu, wie sie miteinander sprechen oder nachdenklich schweigen, sie sind sich ähnlich, Komplizinnen, zärtlich verbunden, dann wieder auf Distanz, sogar feindlich, doch kurz darauf wieder sehr vertraut, schon ein Leben lang Freundinnen, die eine stolz auf die andere … Ich stelle mir dieses Gefühl des Stolzes beim kleinen Mädchen vor, das an der Hand der Mutter ins Leben hinausgeht, denn ich erinnere mich an mein eigenes Gefühl bei solchen Gelegenheiten. Es war ein Moment von perfektem Einverständnis inmitten von beklemmenden Situationen in einer komplizierten Beziehung.

Zwischen den beiden, die ihr da vorbeigehen seht, flicht sich ein Gewebe, das schon vor ihnen da war: Stellt euch die erwachsene Frau als kleines Mädchen vor, vielleicht hat sie die gleiche Frisur, kurze Zöpfe oder auch eine andere Frisur, Locken oder einen Reif, der ihre langen Haare zurückhält, die Schuhe sind anders, vielleicht geht sie auch barfuß. Sie reicht ihrer Mutter die Hand in einer städtischen Umgebung wie der jetzigen oder auch in einer ganz anderen, auf dem Land, im dichten Wald, auf einem Weg inmitten von Weiden. Da gehen sie wie die beiden heute, auch sie mit ihren Taschen und Täschchen. Und ganz allmählich erscheint vor euren Augen das, was vor dem Vorher kam ... und ihr erkennt zwischen den beiden, die ihr hier seht, und zwischen den vorangegangenen Mütter-Töchter-Paaren und denen, die noch früher kamen, den Faden des mütterlichen Kontinuums, aus dem alle Menschen entstanden sind.

Ihr befindet euch vor einem Mysterium, einem der ältesten, unantastbaren. Ich glaube, es gibt keine Religion, die es nicht kennt. Im alten Griechenland wurde es in Eleusis, einer kleinen Stadt in der Nähe von Athen, zelebriert. Zunächst waren es ländliche Zeremonien, die später zu geheimen Riten (die Mysterien von Eleusis) zu Ehren der großen Göttin Demeter und ihrer Tochter Kore (oder Persephone) wurden. Von diesen hing der Zyklus des Sterbens und der Wiedergeburt alles pflanzlichen und menschlichen Lebens ab.

Es gilt nun, soweit das möglich ist, das Gesehene in seiner Ganzheit zu erfassen. Das Mutter-Tochter-Paar ist nicht nur ein Segment der biologischen Kontinuität, die uns mit den Ursprüngen des menschlichen Lebens verbindet. Da ist noch etwas anderes, die biologische Kontinuität allein genügt nicht. Damit der Faden nicht abreißt, muss von einer Frau an die andere das ursprüngliche Engagement weitergereicht und erneuert werden, das ich im vorigen Kapitel so ausgedrückt habe: sich für die Lebenden einsetzen und den Lohn in der Liebe suchen. Wie ich zu diesen Worten gekommen bin? – Ich habe etwas in Worte gefasst, was ohne Worte beginnt, ich habe zu Hilfe genommen, was uns die Geschichte in Dokumenten über die Seinsweise und das Verhalten der weiblichen Menschheit überliefert hat, bis hin zu dem, was wir heute selbst feststellen können. Wie sich aus diesen Quellen ergibt, hat sich das ursprüngliche Engagement der Frauen für die Reproduktion des Lebens nicht automatisch fortgesetzt, aber es wurde weitergegeben, weil es die Form eines Gefühls, eines Denkens, eines Begehrens, einer Liebe angenommen hat. Und davon leben die Beziehungen zu den Menschen, an erster Stelle zu den Kindern – zu Söhnen wie zu Töchtern –, aber *nicht bevor* diese Transformation stattgefunden hat, deren eigentlicher und unersetzlicher Ort die Mutter-Tochter-Beziehung ist.

Das Geheimnis, das sich uns in diesem Paar, der Frau mit ihrer kleinen Tochter zeigt, umfasst also neben dem mütterlichen Kontinuum auch die Alchemie der Beziehung, welche die biologische Anlage zur Lebenserhaltung in Mutterliebe und Liebe zur Mutter umwandelt: die Liebe der Frau zu ihrem Geschöpf weiblichen Geschlechts und dessen Liebe wiederum zu seiner Mutter, die ihm nicht nur das Leben, sondern auch die Fähigkeit, selbst Mutter zu werden, gegeben hat. Die beiden sind aber kein Paar im engen, personengebundenen Sinn; ihre Beziehung weist nämlich über sich selbst hinaus in eine andere oder in mehrere andere Beziehungen. Solche Formen gibt es auch in der Musik und in der Architektur, und wenn das Auge oder Ohr sie erfasst, ist es gefangen und möchte sich nicht mehr abwenden.

Hier wird deutlich, was Frauen und Männer unterscheidet. Für eine Frau vermischt sich die Frau, die ihre Mutter ist, mit ihrer Identität und mit ihrer Möglichkeit, selbst Mutter zu werden.[22] Eine Frau tötet nicht symbolisch ihre Mutter, um ihren Platz einzunehmen, wie es laut Freud der Mann mit seinem Vater tut; sie würde sich selbst töten und das Leben zerstören. Im kurzen Übergang zwischen Mutter und Tochter wird der kontinuierliche Fluss des Lebens zu einer persönlichen Beziehung zwischen zwei Frauen mit einem ganzen Spektrum möglicher Variationen – von einem Extrem, der symbiotischen Verschmelzung, bis hin zum anderen, dem Hass. Der Fluss

22 Hier nehme ich frei einige Gedanken aus dem 2. Kapitel: »Die Fragilität der Anfänge« aus meinem Buch *Der Gott der Frauen* (aus dem Ital. von Angelika Dickmann und Gisela Jürgens, Berlin 2009) auf. Andere stammen aus meinem Beitrag zu: Aula Castelao de filosofía (Hg.), *Filosofía e xénero*, Vigo 1996, S. 44-50.

des Lebens übersetzt sich also in Biografien und Geschichte. Einige, selbst lange Teilstücke weiblicher Genealogie lassen sich trotz der systematischen Auslöschung durch das patrilineare System aufspüren. Ich möchte hier eines dieser vielen historischen Segmente erwähnen, das ganz im Zeichen der Liebe steht: Beatrix – Mathilde – Beatrix. Es geht um die außergewöhnliche Markgräfin Mathilde von Canossa (Vermittlerin zwischen Kaiser und Papst) mit ihrer Mutter und ihrer Tochter; wir sind im Hochmittelalter, im 11./12. Jahrhundert.[23] Jede Frau – das sind mindestens drei Frauen, sagte der englische Psychoanalytiker Winnicott: die Frau selbst, ihre Mutter und deren Mutter. Damit hat Winnicott im Unbewussten und in dessen sichtbaren, aber rätselhaften Zeichen das erkannt, was das Patriarchat aus der Biografie einer Frau eliminieren möchte. Und damit bestätigt er meine Auffassung.

Die unaufhörliche Übersetzung des Lebens vom Kontinuum der biologischen Mutterbeziehung in eine persönliche Beziehung ist ein echter Übergang von einer Seinsebene in eine andere, die eine wird herkömmlich Natur und die andere Kultur genannt. Wir befinden uns hier an einem entscheidenden Knotenpunkt der weiblichen Erfahrung; manchmal ist es auch ein Knoten, der sich nie löst. Um zu verstehen, was hier passiert, ist zu berück-

23 Dieses Segment der Geschichte wurde rekonstruiert von Paolo Golinelli, »Beatrice, Matilde, Beatrice. Un antico documento dell'amore materno«, in: *Via Dogana* 3 (Dez. 1991), S. 14; diese Nummer der Zeitschrift ist der weiblichen Liebe zur Mutter gewidmet, mit Texten von Alessandra Bocchetti, Roberta Tatafiore, Ivana Ceresa, Enrichetta Susi und anderen.

sichtigen, dass dieser Übergang nicht zu bestimmten Zeiten erfolgt, er findet im lebendigen Kontext eines ganzen Lebens statt, in dem wir uns tastend vorwärtsbewegen. Dieser Übergang ist wirklich nicht leicht, er ist voller Wechselfälle, jedes Geschöpf weiblichen Geschlechts, das zur Welt kommt, muss sich damit auseinandersetzen, mit unterschiedlichen Ergebnissen und ziemlich oft mit einer erheblichen Portion persönlichen Leidens.

Soweit ich weiß, hat es nie ein moralisches Gesetz oder ein Naturgesetz oder eine Methode oder andere Mittel gegeben, um diese ganz persönliche Erfahrung zu ersetzen oder zu erleichtern. Nur die Vorstellung, dass es sich um etwas Mögliches handelt – ja, die gibt es, und daher ist es umso wichtiger, dass wir dem Möglichen seine stillschweigende positive Kraft zuerkennen. Ebenso wenig gibt es Kriterien, um das Ergebnis dieser Erfahrung zu beurteilen. In gewissem Sinne ist jedes Ergebnis gut, auch eine Beziehung, die schlecht läuft, selbst die Flucht davor, vorausgesetzt, der Übergang zwischen den Seinsebenen bleibt offen: Wenn die Dinge nicht gut laufen, ist es das Leiden, das den Weg offen hält. Ich muss allerdings korrigieren, was ich vorhin gesagt habe; ich habe behauptet, es gebe kein Gesetz und keine Methode, die für die Alchemie der weiblichen Liebe zur Mutter sorgt, aber es gibt doch etwas, und zwar eine Praxis: Sie besteht darin, Vertrauen zwischen Frauen zu wecken und zu kultivieren. Damit kann die vormalige Beziehung wieder lebendig gemacht werden, und auch Verletzungen, die mit der Zeit zu bleibenden Schäden führen würden, lassen sich heilen.

Ausschlaggebend ist also, dass zwischen den beiden Seinsebenen ein Durchgang offen bleibt und auf diesem Weg die Erfahrung der Anfänge wieder belebt wird – die Anfänge der Menschheit (Phylogenese) und die Anfänge des einzelnen Lebewesens (Ontogenese). Anders ausgedrückt: Wichtig ist, dass es keinen Kontinuitätsbruch zwischen Abhängigkeit und Freiheit, zwischen Bedürftigkeit und Wahrung der eigenen Würde, zwischen Verletzlichkeit und Selbstbehauptung gibt. Die eine Seite muss um die andere wissen: Die Kultur, die ihren Anfang und ihr Fundament in sich selbst zu tragen meint, sollte die Kontakte entdecken, die sie mit der Natur hat, und Dankbarkeit zeigen für die Geburtswehen, welche die Frauen für die Beziehung zur Mutter durchstehen.

Die Worte »weibliche Liebe zur Mutter« klingen wie eine Initiationsformel für den Ort der Ursprünge. Wir erkennen, dass diese Formel etwas Märchenhaftes, Mythenumwobenes, Poetisches, mit der Kindheit Verbundenes an sich hat, aber wir verkennen nicht, dass in vielen Bereichen der menschlichen Zivilisation – von der Wirtschaft bis zur Medizin – viel davon präsent und dokumentiert ist, und viel davon ist auch in die Geschichte im eigentlichen Sinn eingeschrieben.

Seinerzeit (ich meine hier ganz vage die Zeit, als sich die patriarchale Kultur durchsetzte) muss diese weibliche Liebe zur Mutter zu ungewiss, zu zerbrechlich gewirkt haben, denn sie hängt ja von den Lebensumständen und der jeweiligen Beziehungssituation ab. Sie hängt am seidenen Faden. Zu viele Dinge hängen von dieser Beziehung ab, muss sich da manch einer gesagt haben, der Faden kann reißen, das Ergebnis ist ungewiss. Und so beschlossen die Philosophen, Gesetzgeber und Priester, für Gott, für das Zusammenleben, für die Zivilisation und die Sprache eine weniger unsichere, weniger krisenanfällige Art des Fortbestehens und der Reproduktion zu schaffen. Daher begannen sie, Grundlagen und Fundamente zu suchen, Kirchen zu bauen, Gesetze zu machen, Leib und Seele zu studieren, alles Organisierbare zu organisieren und alles Messbare zu messen, einschließlich dessen, was nicht messbar war. Es wäre falsch zu glauben, dass es sich dabei nur oder vorwiegend um Streben nach Macht und Herrschaft handelte, das Patriarchat war durchaus eine Kultur (oder mehrere Kulturen), und wenn das, was heute davon überlebt, nicht nach Kultur aussieht, liegt das daran, dass es seit einiger Zeit in Auflösung begriffen ist.

An einem gewissen Punkt dieser männlichen Schaffenswut – in relativ junger Vergangenheit, als das Ideal des Fortschritts entstand – wurde der Begriff »Gesellschaft« bzw. »Soziales«, der nun nichts mehr mit den früheren weiblichen Praktiken zu tun hatte, immer dehnbarer und verschlang alles. Im politischen Denken der progressiven Männer kam die Ansicht auf, alle menschlichen Beziehungen und Ausdrucksformen seien *soziale* Beziehungen, *soziale* Phänomene und als solche Gegenstand wissenschaftlicher Untersuchungen und mit Hilfe der politischen Macht veränderbar. Aber die Beziehung zwischen einer Tochter und ihrer Mutter ist *keine* soziale Beziehung: Sie ist Geschichte, sie ist Kultur, aber sie ist keine soziale Beziehung. Und so verschwindet sie aus dem Blickfeld der progressiven Denker, sie wird zwar nicht aktiv ausgelöscht (wie es das Patriarchat getan hatte), aber einfach nicht mehr zur Kenntnis genommen. Das war ein »furchtbarer Verlust«, kommentiert die Historikerin Milagros Rivera aus Barcelona, als sie rückblickend ihre Geschichte als junge emanzipierte Frau erzählt. »Dadurch, dass alles ins Schema des Sozialen gepresst wurde, blieb ein wesentlicher Teil der weiblichen Erfahrung außerhalb der Geschichte und außerhalb der Politik, wie wir damals im Studium enttäuscht und wütend feststellen mussten.«[24]

Das Mysterium der weiblichen Genealogien ist so in Vergessenheit geraten. Doch die Genealogien haben ihre Fäden weiter geflochten; ihr Mysterium ist nie wirklich verloren gegangen, es wurde nur vergessen. Deshalb können wir es heute in seiner einfachsten, quasi modularen Form wiedererkennen: ein kleines Mädchen, das an der Hand seiner Mutter in die Welt tritt.

Hier möchte ich Maria von Nazareth mit ihrer Mutter Anna erwähnen; wir finden sie in der religiösen Kunst (Ikonen), in der »hohen Kunst« (Leonardo da Vinci) und in der Volkskunst (Gipsstatuen). Oder auch Madame de Sévigné, die zu ihrer Zeit, im Frankreich des 17. Jahrhunderts, mit Demeter verglichen wurde, weil sie ihre Tochter sehr liebte und großen Schmerz empfand, als diese im Ge-

---

24 María-Milagros Rivera Garretas, *Donne in relazione. La rivoluzione del femminismo,* ital. Übersetzung Clara Jourdan, Napoli 2007, S. 18; diesem Buch verdanke ich diesen Abschnitt und andere Teile des Kapitels.

folge ihres Ehemanns in der Ferne lebte. Diese Gefühle spiegeln sich wider in ihren bekannten Briefen an die Tochter, einem wahren Meilenstein der französischen Literatur.

In den letzten zwei Jahrhunderten hat die weibliche Liebe zur Mutter vor allem in der Literatur von Frauen ihren Niederschlag gefunden, bevor sie auch auf die Leinwand kam. Sie ist die verkannte Protagonistin im Roman *Little Women* von Louisa May Alcott (1868, dt. *Betty und ihre Schwestern*). Wer ihn noch nicht kennt, sollte ihn lesen. Hier telegrammartig das Szenario: Bescheidene Lebensbedingungen, fünf Töchter, eine Mutter, deren Autorität etwas gilt, der Vater ist abwesend, weil er im amerikanischen Sezessionskrieg (1861-65) kämpft. Der lang anhaltende Erfolg dieses Buches scheint manchen Literaturkritikern unerklärlich; sie halten es für einen Trivialroman und die darin vermittelte Mentalität für längst überholt. Unabhängig von seinem literarischen und kulturellen Wert wird der Roman, nicht ohne Zögern, als Bildungsroman klassifiziert. Ich schlage vor, ihn als Initiationsroman zu lesen: eine Initiation in die Welt durch die Liebe zur Mutter, auf symbolischer Ebene aber auch eine Initiation in den ursprünglichen Sinn der Geschlechterdifferenz durch den Dialog der *Schwestern*. Die Schwestern sind die anthropologische Figur, die vielleicht am besten auf den Ort des Ursprungs verweist. Die Schlichtheit des Romans sollte uns nicht über das geschickte Vorgehen der Autorin hinwegtäuschen. Betrachten wir das Buch nur als Bildungsroman, so stimmt es, dass es veraltet wirkt. Das trifft aber nicht zu, wenn wir es unter dem Aspekt einer Initiation lesen: Sie erfolgt in kreisförmiger Bewegung hin zum Erwachsenenalter und zur Selbsterkenntnis, in deren Zentrum die Liebe zum Leben steht, das es zu genießen und zu bewahren gilt.

Ein großer Teil der Feministinnen ist zum Glück nicht auf den Trugschluss hereingefallen, die Geschichte der Frauen unter dem Aspekt des Fortschritts zu beurteilen. Es gibt Dinge, die nicht fortschreiten, und zwar nicht deshalb, weil sie »zurückbleiben« oder von anderen aktuelleren »überholt« werden. Sie machen keine Fortschritte, weil sie notwendigerweise wieder hervorgerufen werden, ob sie alt oder neu sind. Ich habe einen philosophischen Spruch gehört, den ich gerne zitiere: Alles ist Geschichte, aber Geschichte ist nicht alles. Auch andere teilen diese Meinung. In der Tat beginnt sich heute eine Auffassung von Geschichte zu verbreiten, die ihr durchlässige Ränder zugesteht – durchlässig, porös wie unsere Haut, durch die Intuitionen und Erfahrungen eindringen, welche mit wissenschaftlich-historiografischen Methoden nicht zu dokumentieren sind, aber es wäre ein großer Irrtum, sie außen vor zu lassen. Im zweiten Kapitel habe ich schon eine ähnliche Bemerkung über die subjektiven Erfahrungen gemacht. Ein anderer, aber ähnlicher Fall sind die Mythen, wie der Mythos von Demeter und Kore, und es gibt noch andere aus anderen Kulturen.

Viele Feministinnen waren versucht, alles über Bord zu werfen, was mit weiblich und mütterlich assoziiert war, nach dem jahrhunderte- und jahrtausendelangem Gebrauch und Missbrauch, der damit betrieben wurde. Das kann ich nachvollziehen; auch ich hatte den Wunsch, eine Frau zu werden, die als solche nicht zu erkennen ist. Wie sollen wir denn in der historischen Realität unterscheiden, was wirklich durch ihre durchlässigen Ränder hereindringt und bereichernd ist und was dagegen in ihrem Inneren von einem nur an Selbsterhaltung interessierten Machtapparat produziert wird?

Wie soll das gehen? Das geht nicht vom grünen Tisch aus, das geht nur in der Praxis, und nur wenn wir diese Praxis haben, können wir das auch theoretisieren. Das Beispiel, das die Frauen meiner Generation am besten kennen, sind gerade unsere Mütter. Wir haben gegen sie rebelliert, weil viele von ihnen – bewusst oder unbewusst – den Willen des Vaters im realen wie im symbolischen Sinn weitergegeben haben, auch gegen ihre eigenen Interessen. Und sie unterstützten uns Töchter nicht, oder wenn, dann heimlich und irgendwie kraftlos. Unsere Seele ist voller Narben, kommentierte einmal eine Frau, nachdem ich gesagt hatte: »Gegen die Mutter revoltieren verletzt uns in erster Person.« Das stimmt. Trotz alledem, trotz der Komplizenschaft der Mütter mit den Vätern und trotz unseres Leidens haben wir sie weder als Frauen noch als Mütter verleugnet, und wir haben uns dafür eingesetzt, die Mutter-Tochter Beziehung aus ihrer Unterwerfung unter die patriarchale Kultur herauszuholen und neu zu bewerten.

Dazu könnte ich noch viele Ereignisse, Namen und Texte nennen. So fand zum Beispiel bei uns im Frauenbuchladen in Mailand eine Buchpräsentation und eine Ausstellung mit dem Titel *Für Clotilde* statt. Die Künstlerin Donatella Franchi aus Bologna hat das Projekt ihrer Mutter als Leserin gewidmet; sie hat sie mit Büchern in der Hand fotografiert, in den Jahren des Alters, die sie in der Einsamkeit einer unheilbaren Schwermut verbrachte.

Auf ein anderes, weiter zurückliegendes Ereignis möchte ich etwas ausführlicher eingehen. Im Zentrum stand Luce Irigaray, sie war zum Frauenfest der Kommunistischen Partei Italiens 1986 eingeladen. In diesem Rahmen machte sie einen überraschenden Vorschlag, wie ich gleich erzählen werde. Luce Irigaray ist eine wichtige feministische Denkerin. Mit meiner Formulierung »vergessenes Mysterium der weiblichen Genealogien« habe ich sie quasi zitiert, so lautete nämlich der Titel eines Vortrags, den sie im Frühjahr 1989 in Syrakus hielt. Weibliche Genealogie ist ein wiederkehrendes Thema in ihren Forschungsarbeiten über die durchlässigen Grenzen der Geschichte: das Unbewusste und die Mythologie.

1986, als Irigaray von den kommunistischen Frauen eingeladen wurde, war das Jahr der Tschernobyl-Katastrophe. Für diejenigen, die es nicht mehr genau wissen: Im Frühjahr jenes Jahres explodierte einer der beiden Reaktoren des Atomkraftwerks Tschernobyl in der damaligen Sowjetunion. Der Unfall brachte nicht nur Tod, unheilbare Krankheiten und Elend mit sich, er rief auch emotionale Reaktionen und Sorgen in unserer reichen, industrialisierten Welt hervor. Alle fürchteten die Folgen und fragten sich, was das für den zukünftigen Fortschritt bedeuten werde. Und so hatten die Frauen der Kommunistischen Partei ihrem Fest den Titel *Leben nach Tschernobyl* gegeben. Sie wollten eine kritische Reflexion über die technologische Entwicklung und ihre Grenzen anregen. Nicht vergessen sollten wir, dass drei Jahre später ganz unvorhergesehen die Berliner Mauer fallen sollte, was letztendlich auch zur Auflösung der Kommunistischen Partei Italiens führte.

»Ich wende mich an alle, denen heute soziale Gerechtigkeit am Herzen liegt«, so leitete Luce Irigaray ihren Vorschlag ein. Zuvor hatte sie über das Chaos nach dem Atomunfall gesprochen und ihn mit den patriarchalen Wurzeln unserer Zivilisation in Zusammenhang gebracht. Sie sprach zu einem großen Publikum und zu den Führungskräften der Partei und konnte wohl zu Recht davon ausgehen, dass diesen Leuten die soziale Gerechtigkeit am Herzen lag – ich glaube, das stimmte damals noch annähernd.

»Ich schlage Ihnen vor«, sagte sie, »an allen öffentlichen Orten schöne Bilder aufzuhängen, die das Mutter-Tochter-Paar (im biologischen wie im spirituellen Sinn) darstellen. Dieses Paar zeugt von einer ganz besonderen Beziehung zu Natur und Kultur. Solche Darstellungen fehlen an allen zivilen und religiösen Orten. Das ist eine kulturelle Ungerechtigkeit, die sich leicht beheben lässt.«

Warum sprach sie von »Ungerechtigkeit«? Weil, so erklärte sie, das Fehlen von Abbildungen der weiblichen Genealogien mit dem Verlust der individuellen und kollektiven Identität für die Frauen einhergeht. Das Mutter-Tochter-Paar wird immer ausgelöscht, selbst dort, wo es verehrt wird. Dafür führte sie den Wallfahrtsort Lourdes an, der große Menschenmassen anzieht. Dort geht es um die Beziehung einer Tochter (Bernadette) zu einer göttlichen Mutter, doch die Mutter wird normalerweise ohne die Tochter dargestellt, und alles wird von Männern organisiert und verwaltet. »Dabei könnte jene Episode an das Mutter-Tochter-Paar erinnern, das vor unserer patriarchalen Geschichte so wichtig war.«[25]

Das war der Kern ihres Vorschlags. In einem späteren informellen Gespräch mit den Führungskräften der Partei – Männer und Frauen – wiederholte sie ihn und betonte, er sei ernst gemeint und machbar. Das war er in der Tat, doch er fiel ins Leere, es gab nicht einmal Einwände oder Fragen. Ich erinnere mich an freundliche, respektvolle und gleichgültige Gesichter. Es lässt sich am Gesichtsausdruck erkennen, wenn die Intelligenz aus irgendeinem Grund erlöscht, manchmal weil der Geist das Gesagte nicht erfasst und mutlos wird, manchmal – wie in diesem Fall – weil die Sache ihn nicht berührt.

Die Geschichte ging aber doch weiter: Der Vorschlag wurde von einigen Frauen aufgenommen, manche von ihnen hatten vielleicht die Rede gehört, andere stießen später darauf. Die Ära des virtuellen Raumes war schon angebrochen, die Ideen schwirrten bereits durchs Netz. So erfuhr zum Beispiel die kanadische Theologin Carolyn Sharp von der Version, die Irigaray für die Frauen christlicher Tradition verfasst hatte: Ich schlage vor, Bilder aufzuhängen, die Maria zusammen mit ihrer Mutter,

---

25 Luce Irigaray, »Una possibilità di vivere«, in: Dies., *Sessi e genealogie*, ital. Übersetzung Luisa Muraro, Milano 1989, S. 205-231 (Dt. »Eine Chance zu leben«, in: Dies., *Genealogie der Geschlechter*, aus dem Frz. von Xenia Rajewsky, Freiburg i. Br. 1989, S. 285-323).

der heiligen Anna, darstellen. Die Theologin wusste nicht recht, was sie von dieser Aufforderung halten sollte, beschloss aber trotzdem, eine Basilika zu besichtigen, die der heiligen Anna geweiht war. Dort entdeckte sie, dass aus den reichen bildlichen Darstellungen Spuren eines weiblichen Göttlichen hervorschimmerten, die dank der Volksfrömmigkeit aus ältesten Zeiten bis in unsere laizistische und desillusionierte Epoche durchgedrungen sind. Ich denke, hier hat die kanadische Theologin in zweierlei Hinsicht eine wichtige Entdeckung gemacht: Erstens, weil sie nahelegt, dass die Frauen in den breiten Volksschichten eine gewisse, wenn auch nicht direkt sichtbare Hegemonie hatten; zweitens, weil sie Frauengeschichtsschreibung betreibt, indem sie weniger auf die wissenschaftliche Forschung als auf die Befreiung des Denkens von den typischen Vorurteilen der emanzipierten Frau setzt.

Für Luce Irigaray war das also kein Misserfolg. Ein Misserfolg war es in gewissem Sinne aber für die Frauen und die Männer, die sie eingeladen hatten und ihre Präsenz nicht zu nutzen wussten, denn eigentlich brauchten sie sie, ohne es zu wissen. Für Irigaray war es kein Misserfolg, denn ihr Vorschlag zirkulierte trotzdem. Er zirkulierte auf eine Art und Weise, die recht charakteristisch für die Politik der Frauen ist, wenn es darum geht, an Terrain zu gewinnen, ohne zu töten oder sich töten zu lassen. »Es wird weder Kriege noch Tote oder Verletzte geben«, hatte Irigaray in ihrem Vortrag gesagt. Hier schlug sie eine einfache, aber wirksame Aktion symbolischer Gerechtigkeit zugunsten der Frauen vor, und ihr Vorschlag richtete sich an die Frauen und Männer, die sie vermutlich als die besten Erben der kommunistischen Revolution betrachtete.

In der geschriebenen Geschichte sind die Frauen im Vergleich zu den Männern wenig präsent, und erst recht im Vergleich zu dem Beitrag, den sie in der Geschichte der Menschheit immer geleistet haben. Das wird von vielen Seiten immer wieder betont, auch in diesem Buch, und als praktische Reaktion darauf entstanden spezifische Forschungsarbeiten zur Geschichte und Kultur der Frauen. Trotz der hohen Qualität dieser Arbeiten ist noch niemand richtig mit dem Ergebnis zufrieden, und meiner Meinung nach wird das so bleiben, bis wir der Sache ganz auf den Grund gegangen sind. Ein sicherer, nachgewiesener Grund für diese schwache Präsenz der Frauen in der dokumentierten Geschichte ist der sogenannte Androzentrismus, d.h. die Tatsache, dass sich die Männer in den Mittelpunkt der Welt gestellt haben und sich von dieser Haltung nicht freimachen.

Aber es gibt noch etwas anderes: Meiner Meinung nach fehlen in der Historiografie, der Grundlage unserer Geschichtsbücher, die wichtigsten Dokumente einer Geschichte der Frauen, und zwar die lebendigen Körper. In der herkömmlichen Geschichtsschreibung gehören die lebendigen menschlichen Körper zur Natur und daher haben sie angeblich keinen Wert als Dokument. Das sind zwei Grundannahmen, die es zu hinterfragen gilt: die erste, weil sie Natur und Kultur trennt, die zweite, weil sie den Begriff Dokument zu eng fasst.

Dass es ein Irrtum ist, Natur und Kultur zu trennen, habe ich bereits gesagt. Und was die zweite Prämisse betrifft: Wenn sich ein Dokument dadurch auszeichnet, dass wir es lesen und interpretieren können, dann behaupte ich, dass die Körper von Lebewesen Dokumente sind, und weibliche Körper sind ganz besonders reichhaltige und spezielle Dokumente, aus Gründen, die ich hoffentlich nicht zu erklären brauche. Mit dieser Auffassung folge ich Barbara Duden, Autorin von historischen Forschungsarbeiten und Feministin: Ihr Arbeitsschwerpunkt liegt auf der Idee der »somatischen Deixis«, d.h. einer Selbstwahrnehmung, die im lebenden Körper verankert und in der Sprache eingeschrieben ist, auch in der Sprache der historischen Dokumente.

Mit diesem profunden Ansatz, der die Texte dieser herausragenden feministischen Forscherin so spannend macht, ficht sie auch eine bestimmte Richtung des Feminismus an, den fortschrittlichen, emanzipationsorientierten Feminismus: »Mich besorgt immer mehr«, so erklärte sie auf einem Symposium der Internationalen Assoziation der Philosophinnen, »dass die Konzepte des Feminismus (Selbstbestimmung, Entscheidungsfreiheit, persönliche Verantwortung) dazu beitragen, den Körper und die Gesundheit der Frauen der Kommerzialisierung anheimzugeben – im Namen einer angeblichen Emanzipation vom ›biologischen Schicksal‹.«[26] Frauenkörper werden zu manipulierten Dokumenten …

---

26 Barbara Duden, »L'epoca della schizo-percezione«, in: Annarosa Buttarelli, Federica Giardini (Hg.innen.), *il pensiero dell'esperienza*, Milano 2008, S. 133 (Beitrag auf Italienisch, Anm. d. Ü.).

Die Lesbarkeit des weiblichen Körpers bildet den Ursprung der Psychoanalyse. Deren Geschichte begann dank eines genialen Wiener Arztes, der es verstand, zuzuhören und Hinweise aus den Worten einiger Frauen herauszuhören, die an rätselhaften Symptomen litten. Dieser Arzt war natürlich Freud, und die erste seiner Patientinnen, die ihn auf die richtige Fährte brachte, erhielt von ihm das Pseudonym Anna O. Später wurde bekannt, dass sie Berta Pappenheim hieß und eine Wienerin mit einem höchst interessanten biografischen Profil war.

Unter einem ganz anderen Gesichtspunkt hat sich auch die Darwin'sche Evolutionstheorie ein halbes Jahrhundert vor Freud um die Lesbarkeit der Körper verdient gemacht. Auch sie verwandelt auf ihre Art die lebendigen Körper und ihre Spuren in Dokumente einer Geschichte, die sich über die Schwelle der Geschichte im engeren Sinne hinaus erstreckt.

Es ist keineswegs ein Zufall, dass ein Freud-Schüler und Darwin-Anhänger, der Ungar Sandor Ferenczi, die Idee hatte, unsere lebendigen Körper ausgehend von den Ursprüngen der Tierarten besser lesbar zu machen (eine Bio-logie, ganz wörtlich genommen). Er forschte nach einer Verbindung von Psychischem und Organischem, die er *Bioanalyse* nannte, und auf diesem Weg entwickelte er eine Hypothese über die geschlechtliche Differenzierung in männlich und weiblich. Er präsentierte sie zunächst einmal als »Märchen«. Dieses »Märchen« ist lang, und ich springe gleich zu dem Punkt, der uns interessiert: Nachdem die Tiere den Lebensraum im Wasser verloren hatten und an Land lebten, mussten sie das Problem lösen, wo die Keimzellen sicher unterzubringen waren: Alle entwickelten einen männlichen Geschlechtsapparat; und dann entstand vielleicht ein wilder Konflikt darüber, wer letzten Endes die Keimzellen aufnehmen sollte (Ferenczi schreibt: welchem Geschlecht die Leiden und Pflichten der Mutterschaft zugeschoben werden sollten), und dabei verlor der weibliche Part.[27]

Ferenczis Interpretation spiegelt die Sichtweise eines bürgerlichen Forschers um die Jahrhundertwende vom 19. zum 20. Jh. wider: Er sah sich dem anderen Geschlecht gegenüber in einer höheren, privilegierten Position, eine damals in Europa verbreitete Mentalität.

Auch ich greife beim Lesen dieser Dokumente (unserer Organismen mit ihrer außergewöhnlichen Mischung von Physiologie, Emotionen und moralischen Aspekten) auf rationale Überlegungen und auf die Fantasie zurück, auch ich verwende Begriffe aus der Welt der Märchen. Aber was ich lese, ist doch anders: Es gab keinen wilden Konflikt zwischen Individuen, die alle männliche Geschlechtsmerkmale hatten, sondern das Leben setzte sich für das Leben ein, wobei die Individuen männlichen Geschlechts nur teilweise zum Einsatz kamen. Das denke ich, nachdem ich viele Dinge bedacht habe: unter anderem die wundersame Reife einer Frau, die Mutter wird, ihre Gefühle, die über Gut und Böse hinausgehen, den Ausdruck von Glück, den eine Mutter mit ihrer kleinen

27 Sándor Ferenczi, »Männlich und weiblich«, in: Ders., *Zur Erkenntnis des Unbewußten und andere Schriften zur Psychonalyse,* hg. von Helmut Dahmer, München 1978, S. 228-233.

Tochter ausstrahlt. Auf diesen Gedanken brachte mich vor einigen Jahren einer meiner Studenten, der gerade Vater geworden war; er erzählte mir: »Ich verstehe gar nicht, wie sie das gemacht hat, sie war so ruhig, so hatte ich sie noch nie gesehen, sie wusste einfach, was zu tun war, und ich war voll in Panik! Aber allmählich werde ich das auch noch schaffen, ja, ich bin schon dabei.«

Es gibt viele Gründe zum Verzweifeln

Heute gibt es viele Gründe zum Verzweifeln.[28]

In den Neunzigerjahren habe ich einen Text geschrieben, der sich vor allem an die Männer richtete; ich wollte ihnen ein paar Vorschläge machen, wie sie sich in der schwierigen Situation bewegen könnten, die mit dem Ende des Patriarchats auch für sie begonnen hat. Ich weiß nicht, ob dann jemand Gebrauch davon gemacht hat. Dass die Männer auf die Situation nicht vorbereitet waren, ließen sich damals fast nur die Jüngeren anmerken; sie sind nicht so gewitzt zu tun als wäre nichts, und außer ihrer Körperkraft besitzen sie im Allgemeinen keine Mittel, um mehr zu scheinen, als sie sind. Sie mussten seit den Achtzigerjahren feststellen, dass sie in der Schule von gleichaltrigen Mädchen »überholt« wurden und nicht mehr das vermeintlich erste Geschlecht waren, während ihre Väter, Erzieher und Lehrer weiterhin glaubten, das erste und quasi einzige Geschlecht zu sein.

---

28 Der Titel nimmt ein Zitat von Judith Butler auf (in der dt. Ausgabe: »Man könnte fast verzweifeln«, Anm. d. Ü.). Butler zieht am Ende des Jahrtausends Bilanz mit *Die Macht der Geschlechternormen und die Grenzen des Menschlichen*, Frankfurt am Main 2011, S. 282. Der Originaltitel, *Undoing Gender* (2004), verweist auf ein »Ent-machen« oder »disfieri«. (Anm. d. Ü.: Siehe auch Luisa Muraro, »Die Kunst, Maschen aufzuziehen«, in: Dies., *Die Menge im Herzen*, aus dem Ital. von Traudel Sattler, Rüsselsheim 2001, S. 163-175.)

Der Titel meines Textes von 1993 lautete *Differenza maschile superiorità femminile* (Männliche Differenz weibliche Überlegenheit).[29] Darin ging es mir, kurz gesagt, darum: In Kontexten, wo sich Männer stark engagieren und oft miteinander konkurrieren – also in fast allen Bereichen des öffentlichen Lebens und der Kultur, von der Religion bis zur Wirtschaft, befinden sich die Frauen zum größten Teil in einer Position der Fremdheit, der Ausgrenzung oder Komplementarität, also der ergänzenden Funktion. (Das war damals deutlicher als heute, aber noch heute scheint mir die Beteiligung der Frauen auf Hindernisse zu stoßen, und nicht nur auf männlicher Seite.) Es gibt eine andere Möglichkeit, so schrieb ich damals, nennen wir sie beim Namen: die Position der Überlegenheit. *Nicht* die Überlegenheit, die eine Frau im Konkurrenzkampf unter Gleichen mit den Männern unter Beweis stellen kann, sondern eine Vorrangstellung, die außerhalb von Rivalität und Konkurrenz angesiedelt ist. Mit anderen Worten: Wenn die Überlegenheit der weiblichen Differenz erst einmal zugelassen und im gegebenen Fall anerkannt wird, wäre der Weg offen dafür, dass sich die Männer von ihrem Narzissmus befreien, sich selbst kennenlernen und eine fruchtbare Beziehung mit dem anderen Geschlecht eingehen können.

---

29 Zuerst erschienen in *Iride. Filosofia e discussione pubblica*, Nr. 10, September-Dezember 1992-93, S. 86-92. Diese Ausgabe enthält eine Reihe von Texten zum Denken der sexuellen Differenz von Wanda Tommasi, Laura Boella, Chiara Zamboni, Renate Holub, Elena Pulcini und anderen. »Differenza maschile superiorità femminile« wurde wieder veröffentlicht in: Luisa Muraro, *Tre lezioni sulla differenza sessuale e altri scritti*, hg. von Riccardo Fanciullacci, Napoli 2011.

Damals benutzte ich das Wort »Überlegenheit«, heute würde ich von »Exzellenz« sprechen, das scheint mir passender, aber natürlich kommt das eine vom anderen. In beiden Fällen handelt es sich darum, dass die Frauen, ob sie Mütter sind oder nicht, etwas haben, was über den Vergleich mit den Männern hinausgeht, etwas Unvergleichbares. Der Theologe Pier Angelo Sequeri hat das in seinen Worten über die Erschaffung Evas in der christlichen Kunst treffend formuliert: Die Frau und Gott haben ein eigenes Geheimnis, und Adam (als Schlafender dargestellt) wird niemals dahinterkommen.

Mein Vorschlag, weibliche Exzellenz anzuerkennen, richtet sich an die Frauen, damit sie sich wertschätzen, ohne ständig nach Bestätigung zu suchen, und an die Männer, damit sie diese Exzellenz in einem historischen Moment anerkennen, wo die Frauen für sich selbst eine neue Freiheit erobert haben, die sie überallhin führt: Sie sind nicht mehr im Privaten eingeschlossen, nicht mehr in Männerfantasien Gefangene-Beschützte, sondern reale Frauen, die sich mit allem beschäftigen und überall mitmischen. Trägerinnen eines »Geheimnisses«, das der Führung dieser Welt zu lange gefehlt hat.

Wenn wir von einem weiblichen »Mehr« sprechen, sollten wir das nicht mit einem festgelegten Inhalt füllen, etwa bestimmten Eigenschaften oder Veranlagungen, auch wenn uns dazu spontan einiges einfällt, zum Beispiel die höhere *Empfindsamkeit* der Frauen, zu der Männer nur in Ausnahmefällen fähig sind (die widmen sich dann mit Erfolg der Kunst). Es ist besser, das Terrain der Benennungen offenzuhalten, so dass das Mehr im jeweiligen Kontext frei formuliert werden kann, ohne den einen oder anderen Aspekt der weiblichen Differenz in Stereotype zu packen. Etwa die Fähigkeit der jungen Frauen, ihren Alltag und ihr Leben auf den verschiedensten Ebenen so erfolgreich zu managen, was heute oft mit Bewunderung betont wird.

An dieser Stelle möchte ich eine Zwischenbemerkung machen: Meiner Ansicht nach ist es besser, nicht mit fertigen Benennungen und Definitionen anzutreten, wenn wir gemeinsam über Themen reflektieren, die uns emotional betreffen. Diese Art des Austauschs sollte nicht damit beginnen, dass jede/r die eigenen Benennungen und Definitionen einbringt, sondern dass der Weg zur Verständigung offen bleibt, der uns zu einer gemeinsamen Position oder einer Annäherung der Positionen führen kann. Unter der Oberfläche von fertigen Benennungen und Definitionen gibt es Seinsebenen, auf denen eine Verständigung leichter ist. Wenn der/die andere zum Beispiel »Gott« sagt, werde ich diesen Namen erst einmal so stehen lassen, auch wenn in meinen Augen der Gebrauch des Maskulinums Singular für Gott ungrammatisch ist (ich habe sogar einen neuen göttlichen Namen erfunden: »*der* Ungrammatische«). Wir sollten uns nicht ans Korrigieren machen, sondern warten, dass sich die Korrektur im Laufe unserer gemeinsamen Suche ergibt. (Oder dass *der* Ungrammatische dafür sorgt, *er* will ja wohl nicht ewig so heißen?)

Mein Text über männliche Differenz und weibliche Überlegenheit war die erweiterte Fassung eines Vortrags mit ähnlichem Titel, den ich auf einem Gewerkschaftsseminar der MetallarbeiterInnen gehalten hatte: *Diffe-*

renza maschile autorità femminile (Männliche Differenz weibliche Autorität). In dieser Kurzversion meines politischen Vorschlags verwendete ich »Autorität« anstelle von »Überlegenheit«, also einen ganz anderen Begriff. Ich hatte in diesem Kontext nämlich die Tatsache genutzt, dass eine Frau dort den einflussreichsten Posten besetzte. Jedenfalls ging es mir um eine Aufforderung an die Männer: Sie sollten lernen, sich selbst ohne narzisstische Selbstbezogenheit zu kennen und die Existenz von realen Frauen in ihrer direkten Umgebung anzuerkennen.

Für den Austausch gilt immer das gleiche Verfahren: Fertigen wir das Gewebe des Gesprächs mit dem/r Anderen, indem wir das verknüpfen, was jede/r von uns im Sinn hat, und möglichst auch das, was wir sind und was wir fühlen. Und trennen wir uns dabei nie vom Hier und Jetzt des Kontextes. Ich muss sagen, dass das mit Männern schwieriger ist als mit Frauen, wie ich schon im zweiten Kapitel geschrieben habe, wo ich den Konflikt mit den Gästen der verarmten Signora schilderte: Sie wollten meinem – zugegebenermaßen ungeschickten – Versuch nicht nachkommen, uns alle und jede/n Einzelne/n als Teile eines Diskurses aufzufassen, der gemeinsam entstehen sollte. Bei dem Gewerkschaftsseminar lief es etwas besser. Ich erinnere mich aber an den Einwand eines jungen Mannes: »Ich dachte zuerst, das wäre ein Fehler«, sagte er, »es müsste doch *Weibliche Differenz männliche Autorität* heißen.« Er war irritiert, mein Vorschlag schien ihm übertrieben, er meinte, das ginge zu weit, Gleichheit würde er ja noch anerkennen, aber … »Das geht nicht zu weit«, erwiderte ich, »hier geht es um etwas anderes, es geht darum, sich nicht mehr den gesellschaftlichen Maßstäben zu unterwerfen und auf die Macht fixiert zu bleiben, sondern selbst, gemäß dem eigenen Maßstab, einer Person Wert, also Autorität, zuzuerkennen oder auch nicht.« Heute würde ich dem jungen Mann sagen: Was ich vorschlage, ist ein Ausweichen, ein Abweichen vom Konfrontationskurs gegen die Machthaber, wo sowieso schon feststeht, wer gewinnt. Ich würde auch über den Film *L'esquive* von Abdellatif Kechiche (Frankreich, 2004) sprechen: Hier geht es um Jugendliche, die in der Wüste der Großstadtperipherie leben; sie umgehen den Zusammenstoß mit der Polizei und kämpfen um ihre Existenz, indem sie ein Theaterstück einstudieren und dabei auch lernen, sich auf der Bühne der amourösen und der sozialen Beziehungen besser auszudrücken. Auch sie, die MetallarbeiterInnen, kämpften um ihre Existenz – im materiellen, aber zuvor noch im symbolischen Sinn.

All das geschah vor vielen Jahren, und es hat in mir das widersprüchliche Gefühl hinterlassen, dass ich einerseits zu schnell vorwärts geprescht bin, aber andererseits der rasanten Entwicklung der Dinge nicht nachkam.

Heute wünsche ich mir manchmal, eine Andere hätte den Text *Differenza maschile superiorità femminile* (Männliche Differenz weibliche Überlegenheit) geschrieben – nicht um mich davon zu distanzieren, sondern um ihn zitieren zu können und mich von dieser »Anderen« antreiben zu lassen, aber die bin ich selbst – ich, die ich die Zielgerade von damals, die direkte Orientierung, aus den Augen verloren habe: Damals sah ich, dass sich die Mentalität der Männer öffnete und die Politik sich damit veränderte: kein Wettkampf mehr um die ausschließliche Repräsentations- und Entscheidungsmacht, sondern ein Engagement für die optimalen Bedingungen eines friedlichen Zusammenlebens, wie es so viele Frauen in ihrem Einflussbereich schon immer an den Tag gelegt haben.

Das rationale Argument lautet nun, so etwas brauche seine Zeit; die OptimistInnen sagen, die Veränderung sei doch im Gange. Das weiß ich auch, ich sehe es, ich stelle fest, dass wir tatsächlich mehr erreicht haben, als ich mir damals, als ich die Logik der Emanzipation verließ, erhofft hätte (wenn ich mich gefragt hätte, was ich erhoffte). Da denke ich etwa an die Schwangerschaft vor der Ehe, die jahrhundertelang, bis in meine Jugendzeit, die werdende Mutter zur sozial Ausgestoßenen machte: Das ist nicht mehr so, in vielen Ländern ist Schluss mit dieser patriarchalen Abscheulichkeit, und in den anderen wird Schluss damit sein.

Aber die Freude über diese vielversprechenden Veränderungen war nicht von langer Dauer. In den letzten Jahrzehnten sind schreckliche Dinge passiert, die sich zwischen die Menschheit und jede Möglichkeit des Begehrens nach dem Guten stellen. Ich denke vor allem an die Kriege – daran, wie Kriege schon immer waren und wie sie heute sind: nie erklärt, chronisch, mörderisch für die Zivilbevölkerung und für das ganze Land, ein integraler Bestandteil von Politik und Wirtschaft, die mit immer neuen Erfindungen der Techno-Wissenschaft beliefert werden. Kurzum: Kriege sind ein neuer Sektor für Investitionen und Profite geworden.

Um ermessen zu können, was dabei im Hinblick auf die berechtigten Erwartungen der Frauen verloren ging, ist zu bedenken, dass unsere Worte damals einen Wandel interpretierten, der ihren Wahrheitsgehalt erst im weiteren Fortgang bestätigen konnte. Das heißt, unsere Worte sagten etwas Wahres, aber sie waren fragil, deshalb mussten wir darauf vertrauen, dass ihre Wahrheit durch die Ereignisse, durch Fakten und durch die Worte anderer Bestätigung finden würde. Dabei sprachen wir nicht als gesellschaftliche Kategorie, sondern als menschliche Subjekte mit universaler Berufung: Wir wollten unsere Errungenschaften in die allgemeine Politik einschreiben und nicht nur die Veränderung, die uns betraf, in Worte fassen, sondern auch die Möglichkeiten benennen, die diese Veränderung mit sich brachte. Diese Möglichkeiten gingen weit über die Gleichheitsvorstellung und die in den Parametern der internationalen Agenturen festgehaltenen »Lage der Frauen« hinaus. Das kann auch gar nicht anders sein, aus dem einfachen Grund, dass Frau/Mann nicht vorrangig eine bestimmte Realität ist, sondern erst einmal ein Signifikant (Bezeichnendes) der Menschheit in Raum und Zeit ist, der neue Signifikate (Bezeichnetes, Vorstellungsbilder, Bedeutungen) hervorbringt.[30] Wenn wir diesem Zeichen neue und freie Signifikate verleihen, wird die Welt neu geschrieben – von Frauen und Männern. Oder besser gesagt, wir beginnen wieder neu, die Welt zu schreiben, denn dank der Selbsterfahrungspraxis

30 Das ist die Hauptidee eines Buchs, das der philosophischen Forschung gewidmet ist: Riccardo Fanciullacci/Susy Zanardo (Hg.Innen), Donne, uomini. Il significare della differenza, Milano 2010.

haben wir verstanden, dass vor uns viele andere Frauen (und einige Männer, fügen wir jetzt hinzu) da waren, die bereits in diesem Sinn gearbeitet und Kultur hervorgebracht haben, ausgehend von der Qualität der Beziehungen zwischen Frauen und gemeinsam mit den Männern.

Hierauf richtete sich unsere größte Erwartung; sie gründete sich zum kleinen Teil auf unsere tatsächlichen Kräfte und zum großen Teil auf die Erfahrung und die Bedeutung der feministischen Revolte. Dieser ist es nämlich gelungen, jahrhundertealte Kräfteverhältnisse und Bedingungen zu revolutionieren, und das dank der Tatsache, dass der Wunsch nach einer freien Existenz ernstgenommen und anderen Frauen mit demselben Wunsch Vertrauen geschenkt wurde. Wenn das geschehen kann, bedeutet das, dass die Geschichte nicht völlig in der Maschinerie der Machtverhältnisse gefangen ist. Im Italienischen gibt es eine Redensart, *per amore o per forza* (mittels Liebe oder mittels Zwang), die bedeutet schlicht: auf die eine oder die andere Art. Auf Latein heißt das einfach *vel* (oder auch), aber auch *aut-aut* (entweder-oder), und wenn ich es so verstehe, d.h., wo das eine ist, ist das andere nicht, dann bedeutet die Möglichkeit, außerhalb von Machtverhältnissen zu handeln, dass Liebe möglich und für Leute wie mich praktikabel ist. Wie die meisten anderen Menschen bewundere ich den Heroismus des guten Willens, aber ich glaube mehr an ein diffuses, oft anonymes Begehren nach dem Guten: Die Politik ist aufgefordert, hierfür günstige Handlungsbedingungen zu schaffen, ansonsten droht ihr der Niedergang, und uns ebenso, wie wir in Italien bereits feststellen können.

Ein Signifikat, so lehrt uns die Sprachwissenschaft, ist immer ein bisschen wie eine Wette, also mit Risiken verbunden: Es interpretiert die Welt, muss aber seinerseits interpretiert werden; so entsteht eine Sequenz von Querverweisen, auf welcher der/die Sprechende – wenn es sich nicht um bloßes Geschwätz handelt – wie auf einem gespannten Seil vorwärtsbalanciert. Was bedeutet Feminismus – das, was wir in den Büchern geschrieben haben, oder das, was in der Praxis herauskommt?

Die Wette, die wir eingingen, war verwandt mit der Arbeit für Frieden und Gerechtigkeit, die viele Menschen, Frauen wie Männer, nach dem Ende des Zweiten Weltkriegs in Europa und anderswo geleistet hatten. Und in den Achtzigerjahren fand dieses Engagement seine Bestätigung in der friedlichen Auflösung der Sowjetunion, was auch das Ende des schrecklichen atomaren Konflikts bedeutete, unter dessen Bedrohung meine Generation aufgewachsen war. Der Abbau der Berliner Mauer war ein zivilisatorisches Meisterwerk. Aber er wurde nicht zum Beispiel genommen. Die aggressive Revanche der Länder mit kapitalistischer Wirtschaft und ihre Art der globalen Integration der Erde, die Abfolge von Migrationsbewegungen rechtloser Menschen, die Profitgier, die zur Wirtschaftskrise geführt hat, die Demütigung derer, die hintenan bleiben, das politische und militärische Chaos auf dem Balkan, der unglaubliche Angriff des 11. Septembers, der die USA erniedrigte, dann wiederum deren unsinnige militärische Reaktionen gemeinsam mit ihren Alliierten, die tödlichen Folgen, wovon wir jeden Tag in der Zeitung lesen – all dies verursachte eine neue Unordnung, welche die früheren ungelösten Übel überlagerte und den sinnvollen Fortgang der Dinge beeinträchtigte. Denken wir nur daran, wie schwierig es ist, gemeinsame Entscheidungen für die Gesundheit des Planeten Erde zu treffen und umzusetzen, obwohl alle alles darüber wissen – unter anderem, dass keine Zeit zu verlieren ist.

Kurzum, den Veränderungen, die mit der Frauenbewegung entstanden waren, fehlte ein Folgekontext, um sich auf breiterer Ebene durchsetzen zu können.

Heute fragen sich die jungen Leute, ob es für sie eine Zukunft gibt und wie die aussehen soll. Sie sind entwurzelt, was Zukunft und Vergangenheit betrifft: Von den Älteren zu lernen lehnen sie ab – nicht aus Rebellion, was normal wäre, sondern weil das, was wir ihnen übermitteln können, in Misskredit geraten ist. In einem Interview in einer Tageszeitung (*il manifesto*, 8.10.2010) sagte ein junger Künstler: In gewissem Sinn ist das einzige, was unser Körper produziert, die Scheiße (darum ging es im Interview). Das sagte er wörtlich. Er ist androzentrisch wie seine Väter und wie diese schwingt er Theorien über den Menschen, wobei er den weiblichen Körper mit seinen vielfältigen, nicht zu vernachlässigenden Produktionen völlig ignoriert. Aber er hat auch die männliche Produktion par excellence vergessen: das Sperma, einst Leben spendender Samen des Universums und eines der Attribute des Logos, der *logos spermaticós*. Und neue Unsicherheiten entstehen bei den Frauen: In einem Buch, dessen Autorin mit viel Sensibilität das Terrain der heutigen Zeit erkundet, fand ich den Ausdruck *»Frau« werden*. Der Satz an sich passte perfekt zum Kontext, aber »Frau«

stand ohne ersichtlichen Grund in Anführungszeichen. Wer junge Menschen das Schreiben lehrt, weiß, wie oft und wie subjektiv sie in ihren Texten Anführungszeichen verwenden, um mit Vorsicht zu signalisieren: Das scheint mir das richtige Wort zu sein, ich schreibe es auf, bin aber bereit, es zurückzunehmen. Der nihilistische Lapsus des jungen Mannes und die Anführungszeichen der jungen Frau bilden eine ungünstige Sternenkonstellation.

Die Frauen haben keine Angst davor zu lieben, wohl aber davor, ins Rampenlicht zu treten oder im Rampenlicht zu stehen. Die professionellen Organisatoren des Showbusiness wissen das genau und haben daraus das Spektakel par excellence gemacht: Immer knapper bekleidete Frauen neben Männern, die sich genauso kleiden, wie sie es seit 150 Jahren tun. Unter der Oberfläche verkrusteter Gewohnheiten spüren wir Unbehagen. Auch männliches Unbehagen, das auf den weiblichen Körper abgeladen wird. Ein Unbehagen, das die Männer immer durch irgendeines der vielen Gewänder der Macht verschleiert haben, das letzte in der Reihe ist das gutbürgerliche Grau in Grau. »Ich glaube nicht, dass das Unbehagen der Männer in Bezug auf den eigenen Körper unsere Erfindung ist«, so ein junger Forscher. »Ich kann es ständig in der Ideengeschichte und den sozialen Konventionen wiedererkennen, die im Laufe der Jahrhunderte entstanden. Aber die Männer haben dieses Unbehagen verschleiert, erstens mit der Macht und zweitens mit einer Operation der symbolischen Umkehrung ihres Elends in einen Wert.«[31]

Im Fernsehen werden die immer häufigeren Opfer von Kriegen oder Autounfällen nicht mehr gezeigt; ich nehme an, das geschieht aus politischem Kalkül. Das ist auch besser so, sage ich mir, denn sonst müssten wir unerträgliche Fleischmassen anschauen, bei all den zerfetzten anonymen Leichen und zur Schau gestellten Frauenkörpern.

Die Misogynie steckt in einer verborgenen Ecke der männlichen Mentalität, die ihr Unwohlsein immer noch für jede Art von Medikament unzugänglich macht. In meinem Bücherschrank steht ein Buch im Format eines Albums. Der Titel lautet *Ein Album der Gewalt*, es enthält Bilder und Texte aus einer römischen Tageszeitung von 1976, die über tödliche Gewalttaten von Männern an Frauen berichten. Es ist schrecklich: ein einziges Jahr, eine einzige Zeitung – eine Abfolge von Frauengesichtern, Frisuren, Blicken, alle mit der vertrauensvollen Arglosigkeit, die wir damals vor der Kamera zeigten. Seither sind viele Jahre vergangen, sehr viele Dinge haben sich geändert, aber wenn ich das Album öffne, fragen sie immer noch: Warum?

Die Individuen männlichen Geschlechts sind wie Sprosse, die aus dem mütterlichen Kontinuum hinauswachsen. Vielleicht fühlen sie sich hinausgedrängt, ausgeschlossen. Wenn dem so ist, dann müssen wir sagen, dass sie sich entsprechend entschädigt haben: Unter Ausnutzung ihrer körperlichen Unabhängigkeit haben sie sich auf jede erdenkliche Art revanchiert. Aber irgendetwas

31 Stefano Ciccone, *Essere maschi. Tra potere e libertà*, Torino 2009, S. 64.

muss ihnen im Inneren noch wehtun und eine Misogynie am Leben erhalten, die heute noch tückischer ist als früher, weil nun nicht mehr die durch das Patriarchat autorisierten Ausdrucksformen und Kanäle zur Verfügung stehen. Dank diesen konnten die Männer jahrhundertelang glauben, die ganze Angelegenheit der sexuellen Differenz habe nur den Zweck, einen Sohn auf die Welt zu bringen; das glaubte auch Sigmund Freud Anfang des zwanzigsten Jahrhunderts noch. Dann haben sie allmählich verstanden, dass das vielleicht doch nicht stimmt.

Männer, die Frauen hassen, finden wir nicht nur in Romanen. Und mehr als den Romanfiguren ähneln sie vor allem den Autoren selbst. Ich meine die Typen, für die es reicht, dich spüren zu lassen, dass du, eine Frau, nicht existierst, damit sie sich selbst ein bisschen besser fühlen. So unterbricht eine Figur aus einem Roman von 1997 seinen Redefluss mit der Zwischenbemerkung: »In diesen Zeiten des Protests und der sogenannten Befreiung frage ich mich, ob den Frauen wirklich klar ist, wie zutiefst die Männer sie hassen – aus dem Bauch heraus, richtig *schmerzhaft* (kursiv im Original).«[32] Der Autor gesteht indirekt ein Leiden ein, das er kennt, und er spricht allgemein darüber, weil er weiß, dass das ein Leiden von vielen, sehr vielen Männern ist. Aber nicht von allen: In allen Zeiten finden wir Hinweise auf Männer, die auf spontane Art Freunde der Frauen waren. Ein berühmtes Beispiel aus der christlichen Tradition ist jener Jesus von

32 John Banville, L'intoccabile, ital. Übers. Massimo Birattari, Parma 1998, S. 287 (Dt. *Der Unberührbare*, übers. von Christa Schuenke).

Nazareth, von dem im dritten Kapitel dieses Buches die Rede ist. Es sind Männer, die sich in ihrer Männlichkeit nicht durch die Existenz realer Frauen bedroht fühlen.

Eine Denkerin, die zu Freuds Zeiten in Wien lebte, schrieb, die Beobachtung des männlichen Verhaltens verursache einen begründeten Pessimismus, ja, das sei sogar der schwerwiegendste Grund für Pessimismus. Ihr Name war Helene von Druskowitz; sie starb 1918 in einer psychiatrischen Klinik. Dort schrieb sie neben anderen auch den hier zitierten Text von 1905: *Pessimistische Kardinalsätze*. Ihr Pessimismus unterscheidet sich von dem Nietzsches, den sie für kurze Zeit als Lehrmeister frequentierte, bevor sie mit ihm brach. Sie bezeichnete seinen Ansatz als eine Art Darwinismus; die Darwin'sche Theorie lehnte sie zwar nicht ab, aber seine Auffassung des Lebens fand sie grotesk: »Infolge einer wahrhaft göttlichen Ironie des Schicksals ist es gelungen, ihn [den Mann] so zu stellen, so daß er auf dem Höhepunkt der Bildung befindlich sich selbst für einen Affensprößling hält. Was würden frühere Generationen zu dieser Erkenntnis gesagt haben? Nun ist das gesamte Leben zur Affentragödie des Mannes geworden!«[33] Sie hatte eine radikal negative Einstellung zu Männern; das Zitat stammt wie die folgenden aus einem Kapitel ihrer *Kardinalsätze* mit dem Titel »Der Mann als

33 Helene von Druskowitz, *Pessimistische Kardinalsätze. Ein Vademekum für die freiesten Geister*, Wroclaw 2012, S. 20. Im Internet ist der Text zu finden unter https://de.wikisource.org/wiki/Pessimistische_Kardinals%C3%A4tze oder https://www.ngiyaw-ebooks.org/ngiyaw/druskowitz/vademekum/vademekum.htm

logische und sittliche Unmöglichkeit und als Fluch der Welt«.[34]

Im Vergleich mit der Tierwelt einerseits und den Frauen andererseits erscheint ihr der Mann hässlich, verlogen, arrogant, schwatzhaft, habgierig, triebgesteuert und aufgrund seiner fehlenden Selbstbeherrschung das am meisten gefürchtete Lebewesen. Die Frauen dagegen sind die schönere, reinere und sanftere Hälfte des Menschengeschlechts; die Frauenwelt sei »von natürlichem philosophischen Instinkte erfüllt«,[35] der dadurch zum Ausdruck komme, dass Frauen die komplizierten Erweiterungen der Lebenssphäre durch das Denken hassten und ein Dasein auf einfachen und rationalen Grundlagen wünschten. An den Frauen findet sie nichts Tadelnswertes, sie klagt nur darüber, dass sie sich den Männern angepasst hätten und dass »die weiblichen Instinkte entsetzlich unterdrückt worden« seien, aber das sei durch »eine plötzliche Aufraffung«[36] wieder zu beheben.

Die Parteinahme der Autorin ist offensichtlich; doch in vielen Abschnitten können wir ihr unschwer recht geben, zum Beispiel, was die unverantwortliche Ausbeutung der natürlichen Ressourcen, die grausame Behandlung von Tieren und die Geschichte der Philosophie betrifft, die alte Wahrheiten durch obskure und farblose Gedankengänge ersetzt hat.

Den Text dieser Philosophin lernte ich durch einen deutsch-italienischen Freund kennen, der ihr pessimisti-

---

34 Ebd., S. 18-37.
35 Ebd., S. 36.
36 Ebd.

sches Urteil über die männliche Menschheit teilte. Allerdings stehen die »Normalsätze für das männliche Geschlecht«, die das fünfte Kapitel der *Kardinalsätze* bilden,[37] im Kontrast zu ihrem negativen Extremismus und klingen geradezu ermutigend. Wiederholt fordert sie hier die Männer auf, in ihr Inneres zu blicken und ihre Überheblichkeit zu mäßigen. »Gebt den Frauen all ihr Recht zurück, lebt nicht länger von ihrer Ehre, sucht nicht bei ihnen die Erlösung von euren Naturfehlern.«[38]

Die wesentlich von den Männern begründete Weltmacht müsse grundlegend transformiert werden. Aber mit der Reform sollten sie bei sich selbst beginnen und keine Entscheidungen über die Welt treffen, ohne die andere Hälfte der Menschheit hinzuzuziehen.

An die Frauen wendet sich die Autorin dann mit einer Reihe von Maximen (sechstes Kapitel);[39] die erste lautet: »Ihr sollt euch selbst getreu sein!« Sie fordert sie auf, nicht zu Gott zu streben, der sei »nichts als ein männliches Hirnprodukt«, sondern die eigene Innerlichkeit zu veredeln. »Fühlt euch vermöge eurer unbeanstandbaren Schönheit, eurer milden Art und eures klaren Geistes als höhere Naturwesen«. Außerdem empfiehlt sie den Frauen, nicht nur ihre Rechte zu erobern und zu verteidigen, sondern in der Sympathie und der Vorliebe für das eigene Geschlecht zu leben. Daher denkt sie an die Einführung eines Rittertums und eines Priestertums für Frauen. Aber vor allem sollen die Frauen die Ehe ableh-

37 Ebd., S. 38-43.
38 Ebd. S. 41
39 Ebd., S. 44-48.

nen und sich von aller schädlichen Verehrung männlicher Werke und Schöpfungen fernhalten. Nicht alle seien verachtenswert, im Gegenteil, aber: »Wählt von allen nur die besten, nützlichsten … Denn der Mann hat sich durch seine proletarische Arbeits- und Produktionslust dem Bewußtsein maßlos aufgedrängt. Es gilt deshalb, sich seiner müßigen Leistungen und Lockspeisen zu erwehren.«[40]

Kurzum, diese scharfsinnige und unabhängige Frau entwickelt einen höchst polemischen, aber faszinierenden Diskurs gegenüber dem anderen Geschlecht. Ich habe mich darauf beschränkt, einige Stellen daraus zu zitieren. Den Patientenakten zufolge soll sie an »Misandrie«, Männerhass, gelitten haben – das Gegenstück zu Misogynie, aber das ist pseudowissenschaftliches Geschwätz, das aus der Vorstellung einer Symmetrie zwischen den Geschlechtern heraus entstand. Das hat die Kulturgeschichte jedoch widerlegt.

Die überspitzten Thesen von Druskowitz drücken eine Wahrheit aus, die sich nicht in einer gemäßigten Logik formulieren lässt. Beim Lesen ist die Stimme einer Wahrheit zu vernehmen, die ich nun versuche, in Worte zu fassen, soweit das geht.

Druskowitz war Feministin, und über den Feminismus schreibt sie, er sei »das heiligste Ideal der modernen Zeit«, er müsse »mit Feuer und Glanz ausgestattet werden.«[41]

40 Ebd., S. 47.
41 Ebd., S. 36.

Sie strebt also danach, den Konflikt zwischen den Geschlechtern zu eröffnen, glühend und glänzend soll er sein. Wir ahnen weshalb: Er soll ein Schmelztiegel sein, in dem das weibliche Mehr zum Schmelzen gebracht werden soll. Die Wiener Philosophin will bis zur äußersten Grenze des Konflikts gehen: Nichts gelten mehr die kleinen Probleme, die kleinen Versuche, etwas zurechtzurücken, die kleinen Errungenschaften. Schluss mit der Anstrengung der Frauen, sich immer anzupassen. Die Frauen sollen sich ihrer selbst bewusst werden, auf dass die weibliche Differenz über die Männer richte auf der Bühne eines universalen Gerichts über die Zivilisation. Ohne dabei ein finales Urteil zu fällen, wie den Normen und Maximen zu entnehmen ist, die sie an die einen wie an die anderen richtet.

Ich dränge darauf, die überspitzte Form ihrer Wortwahl gutzuheißen, denn sie ist notwendig für ein Sagenwollen, und Worte, die von einer notwendigen Vermittlung diktiert sind, sind immer auf der Seite der Wahrheit.

So wird später auch Virginia Woolf in *Drei Guineen* (1938) vorgehen. Auch dieser Text richtet sich an Frauen und Männer. Die Wiener Philosophin Druskowitz fasst das weibliche Gefühl der Fremdheit gegenüber der Welt der Männer in Worte, und zwar mit einer politischen Radikalität, die ganz offen die Vermittlung auf den Plan ruft. Auch der Konflikt ist Vermittlung, ja, in bestimmten Fällen die beste Art der Vermittlung, wie im vorliegenden Fall, wo er etwas Unvermeidliches an sich hat. Beide Autorinnen rufen überraschte Reaktionen und Missbilligung hervor, selbst in ihrem eigenen, keineswegs konservativen Umfeld. Das braucht uns nicht zu überraschen, denn beide tun nichts anderes als das schöne Maschenwerk aufzuziehen, das die bürgerliche Kultur um die Beziehung zwischen den Geschlechtern herum gestrickt hatte. Es bestand darin, die sexuelle Differenz der menschlichen Natur zuzuschreiben und die weibliche Differenz der »gemeinen« Frauen als komplementär zum Mann zu zelebrieren – von der Mutterliebe bis zur ständigen Verfügbarkeit der Prostituierten, und daneben noch irgendwo ein Platz für die »nicht gemeinen« Frauen wie die beiden Autorinnen.

An der vormodernen christlichen Kultur wird in der feministischen und in der allgemein politischen Literatur oft kritisiert, dass dort ein hierarchisches Geschlechterkonzept herrschte. Aber das hatte zumindest den Vorteil eines expliziten politischen Prinzips: Die Frauen galten als gefährliches Geschlecht, das beherrscht werden musste. Viel eher wäre da die biologistische Auffassung zu kritisieren, die sich in der Epoche der Moderne durchgesetzt hat und die unter dem Namen Natur das versteckt, was in Wirklichkeit die politische Konstruktion der männlichen Privilegien war.

Auch wenn die Unterschiede im Schreibstil der beiden Autorinnen nicht größer sein könnten, so haben die Wienerin Helene und die Engländerin Virginia doch eine ähnliche Vorgehensweise. Bereits erwähnt habe ich die Gemeinsamkeit, das schöne Maschenwerk einer modernen, bürgerlichen Kultur aufzuziehen: Beide brechen dabei mit der mächtigen, stillschweigenden Annahme, die Frauen seien immer gutwillig, was bei den Männer als selbstverständlich galt. Druskowitz kritisiert Comte, Darwin und Nietzsche, das heißt die Größen der philosophischen Kultur ihrer Zeit und ihres Umfeldes. Woolf kritisiert die Antifaschisten mit ihrem Macho-Gehabe, die ihre Freunde und Vertrauten waren. Beide ignorieren die Existenz der Männer nicht, aber sie wenden sich nicht an sie, um sich zu beschweren oder um etwas einzufordern, sie stützen sich vielmehr auf die anderen Frauen. Sie wollen eine Erfahrung und eine Realität zum Ausdruck bringen, und zwar die abgrundtiefe Distanz zwischen Männern und Frauen, dabei geht es nicht um eine Distanz im Menschsein als solchem (auch wenn das aus dem Text von Druskowitz bisweilen hervorgeht), sondern um eine Distanz im Selbst- und im Weltempfinden.

Diese Distanz hat sich in der Moderne mit ihrer auf den Menschen zentrierten Kultur herausgebildet oder sich, was wahrscheinlicher ist, hier vergrößert. In Wirklichkeit müsste es heißen »auf den Mann zentrierte Kultur«, denn dieser hat sich die Rolle des Herrschers über die Natur angemaßt und sich selbst zur neutralen, denkenden und handelnden Instanz ernannt. Unsere beiden Autorinnen sehen, jede von ihrem Standpunkt aus, die katastrophalen Folgen dieser Entwicklung in der europäischen Kultur: »Unsere blödsinnige Halbkultur«, kommentiert die in der Psychiatrie eingeschlossene Philosophin ironisch, eine Halbkultur, die alles tut, um die Welt »zu einer Stätte schlimmer als die Hölle zu machen«.[42]

42 Ebd., S. 29.

Zehn Jahre später sollten sich ihre Worte in Verdun, auf dem Karst und an hundert anderen Kriegsschauplätzen auf tragische Weise bewahrheiten, was unschuldige Massen von jungen und sehr jungen Männern am eigenen Leib erfahren mussten. Darunter waren auch die zwei ältesten Brüder meiner Mutter. Sie hatten studiert, um Grundschullehrer zu werden, und ihr Tod hat im Leben meiner Mutter und auch in meinem ein unauslöschliches Zeichen hinterlassen, auch ich trage es mit mir herum.

Wir können die Stimme der Wahrheit, die sich in den *Pessimistischen Kardinalsätzen* deutlich vernehmen lässt, folgendermaßen zusammenfassen: Wie Nietzsche, aber mit anderen und politisch weitsichtigeren Worten hält Helene von Druskowitz Gericht über die westliche Zivilisation in ihrer Endversion, die im 19. Jahrhundert mit dem Sieg des Bürgertums erreicht war. Den Maßstab für ihr Urteil findet sie in der Gegenüberstellung zweier Differenzen, der männlichen und der weiblichen. Diese Gegenüberstellung wird so weit auf die Spitze getrieben, bis sie schließlich zur Begründung für die Verurteilung der Männerwelt wird. Nicht jedoch für die Verurteilung der Männer, wie wir gesehen haben. Allerdings wird es mit Letzteren in der Sicht der Autorin kein Sich-gut-verstehen, keinen Pakt und erst recht keinen Frieden geben. Die Antwort der modernen Zivilisation auf den ungelösten Knoten der Geschlechterdifferenz orientierte sich, nachdem die Versuche der Bourgeoisie im 19. Jahrhundert erschöpft waren, an der Gleichheit der Geschlechter unter dem Regime stillschweigend auferlegter Heterosexualität. Dies ist der Horizont, der die Verfassungen des 20. Jahrhunderts prägen sollte, doch die Verfasserin der *Kardinalsätze* ist über ihn hinausgegangen, noch bevor er überhaupt skizziert wurde. Deshalb spüren wir, dass sie eine von uns ist, eine Frau unserer Zeit.

Aber nachdem wir sie gelesen haben, wird uns auch bewusst, dass nicht wir die Partie eröffnet haben, die wir hier spielen und in die einige von uns ihr Leben investiert haben (wie Carla Lonzi, die einen vielversprechenden Beruf als Kunstkritikerin aufgab, um sich voll und ganz der Verbreitung der feministischen Revolte zu widmen); die Partie war bereits im Gange, heute erleben wir vielleicht das Verlängerungsspiel. Wenn Frauen in meiner Situation gebeten werden, Bilanz zu ziehen, dann antworten sie üblicherweise mit ganz rationalen Argumenten: Die Beziehungen zwischen Frauen und zwischen Frauen und Männern berührten das Menschsein auf der elementarsten Ebene, es brauche lange Zeit, um sie zu verändern. Diese Antwort macht Sinn, ist aber trügerisch: Sie dämpft die Frustration über all das, was zur Erfüllung der berechtigten Erwartungen fehlt – was an sich positiv ist, aber so liefert sie auch ein Alibi dafür, so zu tun, als ob alles in Ordnung wäre.

Wir können uns nicht in die Zukunft flüchten, denn aus dieser Zukunft kehren fast alle jungen Leute mit den Worten zurück, sie könnten sie nicht sehen. Wir haben nur die Gegenwart mit ihren vielen Gründen zum Verzweifeln, und da bleibt nur die Antwort: Lernen wir, in ihr Dunkel zu schauen.

Im Dunkel der Gegenwart gibt es Dinge, die Licht ausstrahlen. Ich möchte nur ein Bild nennen, das ich vor

Augen habe, eine »Sie«, die vor uns tritt und einen »Ihn« an der Hand hält und uns sagt: Ich will verstehen, ich will wissen, erklärt mir, aber vergesst nicht, dass ich mit ihm hier bin, wir haben zusammen angefangen. Die beiden haben keine Liebesbeziehung, soweit ich weiß, aber sie gehen gemeinsam, um sich gegenseitig zu begleiten und sich Mut zu machen, wie zwei Märchenfiguren mitten in den Wäldern, die vor vielen Jahrhunderten Europa bedeckten.

Wozu dient die Unabhängigkeit der Frauen von den Männern?

Vor einiger Zeit machte die Nachricht Schlagzeilen, dass in der größten Frauenklinik Mailands immer mehr Gebärende den Namen des Kindsvaters nicht angeben. Laut den italienischen Rechtsvorschriften gelten bei der ersten Registrierung von Kindern, die im Krankenhaus zur Welt kommen, die Angaben der Mutter. Neben dem Namen des Kindes gibt sie ihren eigenen Vor- und Familiennamen (wenn sie das möchte) und den des Vaters (wenn sie möchte) an. Mehr oder weniger läuft das so, eigentlich ist es komplizierter, aber das hieße jetzt, zu einer komplizierten Geschichte noch weitere Komplikationen hinzuzufügen. Es ist nicht einfach, das Wesentliche einer so bedeutungsträchtigen Nachricht wiederzugeben, die teils mit Schweigen, teils mit verschiedensten Kommentaren, einschließlich Ablenkungsmanövern, aufgenommen wurde. So schrieb etwa ein Experte für Familien- und Bevölkerungsentwicklung, das Phänomen greife mit demselben Tempo um sich wie das der alleinstehenden Väter. Das ist eine unsinnige Parallele; nicht unsinnig ist hingegen die Betonung des Tempos, wie wir gleich sehen werden.

Natürlich liegt die Neuigkeit *nicht* darin, dass es Mütter gibt, denen kein Kindsvater zur Seite steht, oder dass sie das aus freien Stücken wählen, sondern darin, dass ihre Anzahl in einem solchen Ausmaß und Tempo *wächst,* dass es dem Klinikpersonal auffiel. Das heißt, alle registrierten, dass das Phänomen eine Bedeutung hat, ohne dass diese explizit formuliert wurde. Und hier kommen wir zum Wesentlichen.

Bis gestern richtete sich unsere Aufmerksamkeit auf den Rückgang der Geburten und die Zunahme der alleinerziehenden Mütter; heute hingegen fällt unser Blick auf eine neue Gegebenheit, die ein uraltes Phänomen betrifft (die Frau, die ohne Ehemann-Kindsvater an ihrer Seite Mutter wird), und überraschenderweise sehen wir nicht mehr das, was wir bis vor Kurzem sahen, und zwar eine abweichende Situation, ein soziales Problem, männliche Verantwortungslosigkeit usw. Der Blick richtet sich auch nicht mehr auf die Unterscheidung zwischen Mailänderinnen (die hiesigen Frauen sind per definitionem emanzipiert) und eingewanderten Frauen (per definitionem nicht emanzipiert). Unser Blick registriert hingegen eine Öffnung am Horizont und sieht schließlich – jenseits des Szenarios von Ruinen der patriarchalen Kultur – etwas, was schon *vorher* da war: den Wunsch nach unabhängiger Mutterschaft. Und der lässt sich nicht reduzieren auf eine historische Revanche oder eine persönliche Selbsterprobung, wie manche Schlagzeilen nahelegen wollten. Das Neue liegt auch in unserem Blick.

Diese Idee hat schon vor einigen Jahren ein für mich überraschendes Büchlein mit dem Titel *Il doppio sì* (Das zweifache Ja) vorweggenommen. Geschrieben von Frauen, die mit Erfindungsgeist, Biss und Humor ihren Willen, in der Arbeitswelt präsent zu sein, und ihren

Wunsch, auch Mutter zu sein, zum Ausdruck bringen, und die auch kein Problem damit haben, dem Partner für seine Hilfe dankbar zu sein, wenn ein helfender Partner da ist.[43] Wir – ich meine, die Frauen meiner Generation, die die Frauenbewegung angestoßen haben – waren nicht fähig, mit unseren kontrastierenden Wünschen umzugehen, wir waren hin- und hergerissen und stellten uns nicht vor, dass das eines Tages möglich sein würde.

Viele Fantasien haben sich um ein ursprüngliches Matriarchat gerankt, und ebenso viel Kritik an diesen Fantasien wurde laut. Doch dass es vor dem Patriarchat etwas gab, ist unbestreitbar, auch in den Ländern des Mittelmeerraumes, der als Wiege der westlichen Kultur gilt.[44] Dass dieses »Zuvor« die Merkmale einer Kultur hatte, welche die weibliche Generationenfolge und die mütterliche Autorität bevorzugte, ist teilweise nachgewiesen und ist in diesen wie in anderen Ländern auch sehr wahrscheinlich, soweit ich das beurteilen kann.

Damit will ich aber nicht behaupten, dass dieses »Zuvor«, das aus der Nachricht über ein unabhängiges Muttersein hervorschimmert, aus einer fernen Vergangenheit kommt; ich verstehe es einfach als das Sich-Zeigen einer Potenz, welche die Menschheit schon immer beglei-

43 Gruppo lavoro della Libreria delle donne di Milano, *Il doppio sì. Lavoro e maternità*, Libreria delle donne, Milano 2008.

44 Heide Göttner-Abendroth zeigt mit ihrer Forschung schon seit den 1990er-Jahren bis heute, dass es nicht-patriarchale, egalitäre Gesellschaften mit matriarchalen Strukturen *weltweit* gab und weiterhin gibt – Letzteres bezeugen inzwischen auch immer häufiger VertreterInnen der entsprechenden Ethnien selbst, sowohl festgehalten in Publikationen über internationale Kongresse als auch in Dokumentarfilmen, siehe die Filme von Uschi Madeisky.

tet hat. Ich meine die mütterliche Potenz, dieses Begehren nach dem Guten, kraft dessen etwas zum Sein gelangen kann. Philosophisch ausgedrückt, es ist das wahre Mögliche, dessen Wesen im Begehren nach dem Guten besteht. Um sich zu entfalten, braucht diese Potenz keinen Raum und keine Zeit einer Epoche und eines Volkes einzunehmen, doch unter bestimmten Bedingungen kann sie eine Kultur matriarchaler Prägung hervorbringen.

Wer sich eine solche mutterzentrierte Kultur nur schwer vorstellen kann oder vielleicht Angst davor hat, könnte das Buch über das Volk der Mosuo von Francesca Rosati Freeman *Benvenuti nel paese delle donne* (Willkommen im Land der Frauen)[45] lesen. An den Hängen des Himalaya, in einer fern von der Hauptstadt Peking gelegenen Region Chinas, lebt ein kleines Volk, die Mosuo, die die Institution der Ehe nicht kennen. Genauer gesagt, sie kennen diese Institution nur in dem Maße, wie die Zentralmacht versucht hat, sie ihnen aufzuzwingen, das letzte Mal durch Maos Rote Garden, allerdings mit wenig Erfolg. Die Männer leben stabil in der Großfamilie, in der sie geboren wurden und aufgewachsen sind, zusammen mit

45 Francesco Rosati Freeman, *Benvenuti nel paese delle donne. Un viaggio straordinario alla scoperta dei Moso, una società matriarcale senza violenze né gelosie*, Roma 2010. (Anm. d. Ü.: Nicht auf Deutsch erschienen, aber auf Deutsch liegen zahlreiche Darstellungen der Mosuo vor, z. B. Dagmar Margotsdotter, *Am Herdfeuer. Aufzeichnungen einer Reise zu den matriarchalen Mosuo*, Rüsselsheim 2016, oder der Dokumentarfilm *Wo die freien Frauen wohnen* von Uschi Madeisky, Dagmar Margotsdotter und Daniela Parr, 2014; nicht zu vergessen die Pionierin Heide Göttner-Abendroth, *Matriarchat in Südchina. Eine Forschungsreise zu den Mosuo*, Stuttgart 1998.)

ihren Müttern, Schwestern und Brüdern und den Kindern der Schwestern. Die Führung der Familie wird über die matrilineare Abfolge weitergegeben; die wichtigsten Entscheidungen werden in der Gruppe aller Erwachsenen getroffen. Wenn ein Mädchen erwachsen wird, bekommt sie ein eigenes Zimmer, wo sie diskret, aber nicht heimlich, ihren Geliebten empfängt, der am Morgen in den Haushalt seiner Herkunftsfamilie zurückkehrt. Die Paarbeziehung dauert so lange, wie die Liebe oder die Zuneigung hält, das können wenige Tage oder das ganze Leben sein. Solange die Beziehung dauert, wird von beiden Teilen Treue erwartet, auch wenn sie nicht obligatorisch ist. Zwischen den Männern und ihren leiblichen Kindern, die in der Großfamilie der Mutter leben, entsteht oft eine Freundschaftsbeziehung, wie eben zwischen Erwachsenen und Kindern. Bei diesem Volk gibt es keine starren Regeln, es gilt vielmehr das Prinzip der Zustimmung oder Ablehnung durch das soziale Umfeld.

Diese und andere Informationen hat die Autorin des Buches, die dieses Volk ins Herz geschlossen hat, im Laufe von mehreren Reisen mit jeweils langen Aufenthalten zusammengetragen, und sie stellt sie präzise, eingängig und ohne theoretische Überfrachtung dar. Besonders betont sie das fast völlige Fehlen von häuslicher Gewalt, ferner die gemeinsame Verantwortung für die Mutterschaft und eine Vaterschaft, die nicht mit Verfügungsgewalt über Menschen einhergeht. All diese positiven Aspekte sind, so die Autorin, vor allem der Unterscheidung zwischen materiell-familiären Interessen einerseits und Liebes- und sexuellen Beziehungen andererseits zu verdanken, einer

Unterscheidung, welche der Institution der patriarchalen Familie völlig fremd ist.

Und die Männer? Auf diese Frage antwortet die Autorin, indem sie über die Aufgaben berichtet, die den Männern vorbehalten bzw. bevorzugt anvertraut werden, unter anderem die staatlichen und religiösen Ämter. Zu erwähnen ist auch, dass der »feministische« Titel des Buches *Benvenuti nel paese delle donne* (Willkommen im Land der Frauen) eine große Aufschrift wiedergibt, die auf ganz direkte und selbstverständliche Art die chinesischen Touristinnen und Touristen, eine immer wichtigere Einkommensquelle für die Mosuo, empfängt. Die tieferliegenden, subjektiven Auswirkungen dieser Gesellschaftsordnung erkundete die Autorin, indem sie die Menschen beobachtete, Fragen stellte und zuhörte, ohne dabei die Grenzen einer Kultur zu verletzen, die ein ausgeprägtes Schamgefühl besitzt. Von den Männern hörte sie keine Einwände gegen die matrilineare Ordnung, aber sie vertrauten ihr an, dass sie der Berggöttin, der Mutter des Volkes, heimlich Opfergaben bringen, wenn sie merken, dass sie erzürnt ist.

Eine gewisse Besorgnis der Männer klingt natürlich auch in der eingangs erwähnten Nachricht an, dem letzten von zahlreichen Hinweisen auf eine zunehmende Autonomie der Frauen. Vor dem Hintergrund dieser Nachrichten erhebt sich eine Frage, die auch schon zum Thema journalistischer Recherchen wurde: Wozu sind die Männer gut?

Ich muss sagen, dass diese Frage für mein weibliches und mütterliches Empfinden geschmacklos – um nicht zu sagen gemein und bedrohlich – klingt. Aber ich gebe zu, dass es sich um eine echte Frage handelt. Schon als kleines Mädchen habe ich darüber nachgegrübelt, neben anderen Fragen über den rätselhaften Ursprung aller Lebewesen, Pflanzen und Tiere. Als ich erwachsen wurde, schob ich sie beiseite, weil ich glaubte, die Antwort gefunden zu haben. Dass das keine gute Antwort war, ist mir jetzt mehr als klar, zumal die Frage in aktuellen Untersuchungen und Kommentaren über die Lage der Frauen und Männer wieder mit Nachdruck gestellt wird.

Aber mit welcher Absicht, frage ich mich: um bei den Männern neuen Rachegeist zu schüren? Oder, ganz anders, um sie zu einer dringenden Bewusstwerdung über die Geschlechterdifferenz zu drängen? Soll da nur die Neugier von Lesern und Leserinnen geweckt werden, oder geht es um eine ernsthafte Auseinandersetzung mit den veränderten und sich verändernden Beziehungen zwischen den Geschlechtern?

Ich weiß es nicht. Aber ich kann mir unschwer vorstellen, dass ein Mann sich fragt: »Was nützt es, das ich ein Mann bin?« Hinsichtlich der Virilität sind die Männer ja sensibel, und ich könnte mir denken, dass ähnliche Fragen vor Jahrtausenden dem Patriarchat zu den ersten Schritten verholfen haben. Ausgehend davon baute es sich seine Daseinsberechtigung zusammen, bis hin zu jener kolossalen, Himmel und Erde umfassenden Gesamtvision, die wir alle kennen. Auf diese Weise konnten sich die Männer als notwendig, ja als fundamental wichtig betrachten. Der männliche Samen wurde im wörtlichen wie im symbolischen Sinn zum Leben spendenden und ordnenden Prinzip der

Welt. Vom Mann kamen das wohlgestaltete Leben, die rationale Erkenntnis und das Gesetz. Dazu verbreiteten sich auch rasch fantasiereiche Figuren, Symbole, Mythen und Theorien in allen Bereichen, von Kunst über Philosophie bis hin zu Recht, Wissenschaft, Religion und Folklore. Wer will, kann die Aufzählung endlos fortsetzen, ohne befürchten zu müssen, etwas Falsches zu sagen, denn es gab nichts Positives, was davon nicht erfasst war. In dieser großen Gesamtvision gab es auch viele schätzenswerte Aspekte, das will ich nicht leugnen, aber auch andere, überhaupt nicht schätzenswerte: So lautete etwa eine lange gültige Theorie, das Sperma komme aus dem Gehirn des Mannes. Beim Koitus gelange ein Teil davon in die Gebärmutter und werde zum zukünftigen Menschen, der andere ins Blut der Frau und werde zur Milch, um den eben Genannten zu ernähren. Da haben sie wirklich übertrieben.

Die große kulturelle Konstruktion des männlich-väterlichen Primats hat heute seine Gültigkeit verloren; Judith Butler würde sagen, sie hat ein *undoing* erfahren, ich nenne es *dis-fieri*,[46] (ich habe Latein gelernt!). Eine diskontinuierliche, aber unaufhaltsame Demontage. Angefangen hat es vielleicht damit, dass die Frauen den Männern Wert und Anerkennung entzogen haben, dann ging es weiter mit den Desastern des letzten Jahrhunderts und jetzt vollzieht sich das Ganze vor unseren Augen – nicht ohne Widerstände, Rückschläge und gefährliche Reaktionen auf der einen und unbegründete Triumphgefühle und Fragen ohne Antworten auf der anderen Seite.

---

46 Anm. d. Ü.: Entspricht im Dt. *ent-machen*.

Dieser Stand der Dinge regt mich zu einer Frage an, die sich deutlich von derjenigen unterscheidet, die die journalistischen Recherchen über das Schicksal des ehemals ersten Geschlechts beherrscht. Ich frage mich, wozu die Unabhängigkeit der Frauen von den Männern dient.

Diese Frage ist weniger provokativ als die, wozu die Männer gut sind, aber umso schwerer wegzuwischen, wenn sie einmal im Raum steht. Sie stellt unsere Fähigkeit auf die Probe, uns im Dunkel der Gegenwart zu orientieren. Sie betrifft die Veränderung, die im Gange ist, und den Sinn dieser Veränderung. Wenn wir dafür nicht sofort einen Sinn finden, müssen wir umkehren, aber wohin sollen wir gehen, wenn hinter uns nur ein Trümmerfeld liegt? Die Gesellschaft unserer Mütter existiert nicht mehr. Das ist auch besser so, mögen da einige – vielleicht auch viele – Frauen sagen, aber das ist eine bloß reaktive Haltung, die an der Oberfläche bleibt.

Mir ist bewusst, dass meine Frage eine Veränderung in Zweifel zieht, die für die meisten wohlmeinenden Menschen einen unbestreitbaren Fortschritt darstellt. Aber eigentlich geht es mir nicht einfach darum, diese Einschätzung der veränderten Beziehung zwischen den Geschlechtern in Frage zu stellen. Diese Veränderung ist vielschichtig, wobei alle Ebenen miteinander verquickt sind: die Beziehungen unter den Frauen, die unter den Männern und die zwischen Männern und Frauen. Und meine Frage betrifft den historisch neuen und in einigen Kulturen nicht zu Unrecht als problematisch empfundenen Aspekt dieser Veränderung, nämlich dass die Frauen von den Männern unabhängig werden.

Nehmen wir zur Einschätzung dieses Ereignisses eine Romanschriftstellerin zu Hilfe, die sich von der historischen Wirklichkeit inspirieren ließ, ohne historistisch zu sein: die Engländerin Rebecca West. Sie war auch Journalistin und war schon als sehr junge Frau (sie ist 1892 geboren) eine herausragende Figur in den Londoner Intellektuellenkreisen zu Beginn des 20. Jahrhunderts. Sie hatte das Glück, als Frau geboren zu sein; ihr Leben endete nicht im Schlamm des kontinentalen Europas, wo ihre Altersgenossen reihenweise umkamen. Sie selbst lebte bis 1983.

1918 veröffentlichte sie ihren ersten Roman: *Die Rückkehr.* Er handelt von einem englischen Offizier, der mit einem Granatenschock von der Front nach Hause geschickt wird, zurück in die große Villa seiner Familie und zu seiner schönen Frau. Doch er erkennt weder seine Frau noch sein völlig renoviertes Haus, stattdessen ist er rettungslos seiner Jugendliebe verfallen, die selbst verheiratet ist, in ärmlichen Verhältnissen lebt und nicht mehr in der Blüte ihrer Jahre steht. Sie ist bereit, diese Liebe zu erwidern, und niemand erhebt Einspruch, weil alle hoffen, das könne zu seiner Genesung beitragen. Die Erzählerin Jenny, Freundin und Cousine des Protagonisten, beschreibt das Paar auf einer Wiese am Ufer: Sie – unbeholfen, schlecht gekleidet – sitzt an einen Baum gelehnt; und er, elegant wie immer, liegt auf einer Plane und schläft. Nun folgt eine Reihe von Jennys Überlegungen. Sie weiß, dass ihr Cousin wenig und schlecht schläft, jetzt wirkt er glücklich und entspannt. Auf der Wiese vor den Toren des Landhauses hat sie schon zuvor ähnliche Paare von

Ausflüglern gesehen: Der schlafende Mann mit einem Taschentuch über dem Gesicht, um sich vor der Sonne zu schützen, die Frau, die auf die Kinder achtet und über seinen Schlaf wacht. Aber erst jetzt, beim Anblick dieser beiden, versteht sie, was das bedeutet, nämlich dass die Frau die Seele des Mannes in ihre Seele aufgenommen hat und sie in Liebe und Frieden wärmt, damit sein Körper ungestört ruhen kann.[47] Dann beginnt eine allgemeinere Betrachtung, in der Jenny zur Stimme von Rebecca West wird: »Ich weiß«, sagt sie, »es gibt andere mindestens genauso bedeutsame Dinge für die Frauen, deren unabhängiger Geist mit furchtlosem Interesse außerhalb der heimischen Sphäre ihrer persönlichen Beziehungen umherschweifen kann, doch für die meisten von uns steht die Unabhängigkeit nicht im Zentrum.«[48]

Heute würden die meisten Frauen diese Behauptung nicht unterschreiben, auch nicht in einem Land wie Italien. Die Proportionen sind auf den Kopf gestellt, es gibt zwar Frauen, die nicht an ihre Unabhängigkeit denken, aber es werden immer weniger. Die meisten würden sagen, dass sie für die Liebe nicht auf Unabhängigkeit verzichten. Viele würden vermutlich hinzufügen, dass sich die beiden Dinge vereinbaren lassen – aber hier entfernen wir uns vom Romangeschehen. Kehren wir dahin zurück.

Die Alternative zwischen Liebe-Hingabe einerseits und persönlicher Unabhängigkeit andererseits – die hatte

---

47 Rebecca West, Die Rückkehr, aus dem Englischen von Britta Mümmler, München 2016, Kap V, S. 121.

48 Ebd., S. 121f.

Rebecca West nicht im Sinn, als sie diesen Text (und auch alle anderen, wage ich zu behaupten) schrieb. Folglich kam es ihr auch nicht in den Sinn, eine eventuelle Vereinbarkeit der beiden Dinge zu suchen.

Sie stammte aus einer privilegierten Schicht, lebte in einem fortschrittlichen Umfeld, und dank ihrer Bildung und finanziellen Möglichkeiten konnte sie in jeglicher Hinsicht ein Leben als unabhängige Frau führen. Sie lebte in einer Gesellschaft und in einer Zeit, in der die gewöhnlichen, also die nicht-privilegierten Frauen, ihre Unabhängigkeit mit Hilfe der Erwerbsarbeit erkämpften. Sie war Feministin, stand aber außerhalb der Reihen des Feminismus, so heißt es in ihren Biografien, und anhand ihrer Romane bin ich zur Einsicht gelangt, dass sie am Gleichheitsdiskurs wenig interessiert war; vielmehr interessierte sie der Unterschied Frau / Mann und die Frage, welche Bedeutung die Unabhängigkeit der Frauen von den Männern hat.

Das bestätigt sich auch in *Die Rückkehr*. Die Autorin hat mit Geschick eine – milde ausgedrückt – unwahrscheinliche Liebesbeziehung wie im Märchen entworfen: Ein schöner, reicher, distinguierter Mann liebt eine Frau aus dem Volk ohne besondere Reize. Eine reine, große Liebe also, die aus den Zwängen des männlichen Begehrens wie aus den gesellschaftlichen Konventionen ausbricht. Meisterhaft dargestellt von einer Autorin, die mit der erzählerischen Tradition des 19. Jahrhunderts frei umgeht. Mit welcher Absicht? Sie will etwas Großes darstellen, etwas aus einer Vergangenheit weiblicher Hingabe. Die hat die Autorin hinter sich gelassen, um die privilegierte Jenny, durch deren Figur sie selbst spricht, sagen zu lassen, die meisten Frauen dächten nicht an die Unabhängigkeit. Im Folgenden geht sie zum »wir« über und reiht sich somit in die Mehrheit der Frauen ein: »Was wir *wünschen,* ist Bedeutsamkeit wie diese, den Geliebten den Schlaf zu bringen.«[49]

An dieser Stelle wird deutlich, dass es sich um eine Figur traditioneller weiblicher Größe handelt, die die Autorin kunstgerecht in den Diskurs über den Wunsch nach Unabhängigkeit einbringt, um dieses Begehren zu verstärken und ihm einen nicht am männlichen Modell orientierten Sinn und Wert zu verleihen. Anders ausgedrückt: um das Begehren vom Emanzipationskurs wegzuführen. In ihrem Selbstgespräch evoziert Jenny andere Figuren aus der Tradition und stellt sie neben die Frau, die über den Schlaf des Mannes wacht: die knienden Gläubigen in einer Kirche, die sich etwas steif und widerwillig, aber doch in Hingabe beugen, »als repräsentiere dies die unvermeidliche Beugung des Willens vor einem Zweck höher als das Individuum«; außerdem eine Mutter mit ihrem Kind in den Armen. Und sie lässt einen Satz nachhallen, der auch uns interessiert: »Wenn die Menschheit dieses Gebaren vergisst, geht es mit der Welt zu Ende.«[50]

Auch ich selbst habe im Kontext meiner Familie etwas gesehen, was Jenny aus Rebecca Wests Roman gesehen hat: Als ich das Buch las, wurde mir klar, was manche meiner Gefühle und Empfindungen bedeuteten, die ei-

49 Ebd., S. 122 (Hervorhebung von Luisa Muraro).
50 Ebd., S. 121.

gentlich nicht zu meiner Entscheidung für die Unabhängigkeit passen wollten. Die englische Autorin hat einen gewagten Schachzug unternommen: Sie bricht provokativ aus dem Kurs des fortschrittlichen Feminismus aus, indem sie Situationen evoziert, die vom Feminismus gewöhnlich als völlig konträr zur Freiheit der Frauen abgelehnt werden. Dann bringt sie diese Situationen mit einer neuen Bedeutung wieder ins Spiel ein; sie fordert ihre eigenen Reihen heraus, aber nicht um zurückzuweichen, sondern um im Gegenteil die Frontlinie eines Kampfes zu verschieben, bei dem es sogar um die Rettung der Welt gehen kann. Zweifellos stellte sich Rebecca West aufgrund des entsetzlichen Krieges, der damals tobte, mit größerer Radikalität die Frage darüber, was die Unabhängigkeit der Frauen an Positivem bedeuten kann; heute haben wir dafür nicht weniger Gründe als sie.

Dabei dürfen wir uns aber nicht irreführen lassen durch vereinfachte Interpretationen von Jennys Frage zur Rettung der Welt: weder durch die Interpretation des Sich-Aufopferns, wonach das Glück der Frauen dem allgemeinen Interesse untergeordnet ist, noch durch die ideologische Interpretation, die die Gleichheit der Frauen zum Banner der westlichen Welt macht.

Jennys Frage legt nicht im Entferntesten den Verzicht auf die eigene Unabhängigkeit nahe, ebenso wenig die Aufforderung, diese an die Interessen der westlichen Welt anzubinden. Wie die ganze Geschichte der *Rückkehr* bewegt sie sich auf der Linie, auf dem Kamm, wo Wellen sich brechen.

Die weibliche Freiheit befindet sich heute auf dem schmalen Kamm zwischen – verkürzt gesagt – dem Ideal der Selbstlosigkeit einerseits und dem Individualismus andererseits. Genauer gesagt, zwischen der Komplementarität zum Anderen (zum Mann oder einer Vorstellung) und der Gleichheit mit dem Anderen. In der konkreten Wirklichkeit trennt dieser Kamm die vielfältigen Situationen, die von den Frauen schweigende Selbstlosigkeit verlangen, von dem wachsenden Angebot an Auswegen in die Selbstbestätigung qua Gleichheit – einer Gleichheit, die auf männliche Modelle und Bedürfnisse zugeschnitten ist. Der Balanceakt auf diesem Kamm bedeutet, diese Alternativen auszuschließen, die beide zu Verletzungen führen. Was auch beim Wellenreiten geschehen kann, wenn die Gegenströmung den Brecher immer höher werden lässt.

Bei den Frauen habe ich auch in diesen dunklen Zeiten oft stark jenes Glücksgefühl gespürt, das SurferInnen ausstrahlen, wenn sie ganz oben auf der Welle reiten.

Die Möglichkeit, sich den verletzenden Alternativen zu entziehen, zeigt sich in den Geschichten unzähliger Frauen und ihren Lebensentwürfen – in jeder Ecke der Welt, von meinem Heimatland bis nach China, mit all dem, was dazwischen liegt, egal ob auf der östlichen Route, die Marco Polo nahm, oder über den Westen, wie es Kolumbus versuchte, ob über den Nordpol oder über die Antarktis wie die Flugzeugstrecken. Die Welt bewegt sich aufgrund der Frauenbewegung, die auch in ganz wörtlichem Sinn zu nehmen ist. Sich dorthin bewegen, wohin wir wollen – das ist die einfachste Manifestation der persönlichen Unabhängigkeit. Eine französische Feministin (die sich nicht Feministin nennen wollte), Antoinette Fouque, bezeichnete es als Kulturbewegung. Und diese Bewegung forderte sie mit folgenden Worten auf, ihr politisches Potenzial zu entfalten: »Neben Rechten haben wir auch Wünsche und Pflichten.«[51] Dieser Spruch ging um die Welt, teilweise auch in anderen Kombinationen, zum Beispiel, dass wir alle neben Pflichten auch Rechte und Wünsche haben.

Die Unabhängigkeit der Frauen von den Männern braucht keine äußeren Ziele, um Sinn und Wert zu erhalten; ich habe sie um ihrer selbst willen gewollt und gesucht, und so lehre ich sie auch, wenn ich die Autorität habe, das zu tun. Aber ich will sie nicht nur für mich selbst: Das ist die Gratwanderung. Wenn du eine Frau bist, ist es ein Fehler zu glauben, du könntest unabhängig sein, ohne dass sich das auf die Welt auswirkt, denn die Welt hat immer auf die Frauen gezählt. Und egal ob Mann oder Frau, Unabhängigkeit war schon immer, historisch wie ideengeschichtlich, ein dem Wesen nach politisches Wort: Die Unabhängigkeit, die dazu dient, meine Entscheidungen oder die Entscheidungen einer Nation zu freien Entscheidungen zu machen, betrifft auch die anderen Frauen und Männer und die anderen Nationen, und sie dient dazu, mit anderen Frauen (und Männern) das

---

51 Alessandra Pantano (Hg.in), *Contaminazioni. Il pensiero della differenza in Francia*, Padova 2008, S. 63. Neben Antoinette Fouque ist dieses Buch Luce Irigaray, Françoise Collin, Geneviève Fraisse, Françoise Héritier und anderen Denkerinnen gewidmet, die alle einen bemerkenswerten Beitrag zum Feminismus und zum Differenzdenken geleistet haben.

Aussehen der Welt zu verändern, sie bewohnbarer und lebenswerter zu gestalten, wenn nicht die Logik des Stärkeren vorherrscht.

Die Unabhängigkeit, die etwas wert ist, ist nicht jene, die nur »ich« und »nein« sagt: Wenn es nötig ist, muss das schon gesagt werden, aber damit ist die Sache nicht zu Ende. Diese Unabhängigkeit gehört nämlich zur Ordnung des Möglichen, nicht im rein logischen Sinn, sondern im Sinne des Möglichen, das zum Sein verhilft und das die uns zur Verfügung stehenden Möglichkeiten vermehrt, bis hin zu einer Selbstliebe, die kein Egoismus ist, und zu einer Freiheit, die mit der Freiheit der Anderen beginnt. Kurzum, die Unabhängigkeit, die etwas wert ist, ist eine Unabhängigkeit, die eine nicht-instrumentelle Beziehung praktiziert, eine Beziehung *sin fin* (ohne Ende und ohne Zweckdenken)[52] nennt sie Maria-Milagros Rivera in ihrem Buch über die Revolution des Feminismus, das ich bereits zitiert habe.

Auf der Gratwanderung, die es erlaubt, verletzende Entscheidungen auszuschließen, bewegen sich manche Frauen mit sicherem Instinkt, andere dagegen weniger, und der Grund hierfür ist leicht zu verstehen: Es fehlen Figuren, Worte, Ideen, um möglichst getreu wiederzugeben, was Frauen erleben, tun und suchen: Manchmal ist es nichts anderes als der Versuch, den Faden des eigenen Begehrens im Gewirr der eigenen Existenz zu fassen zu

52 *fin* (span.) und *fine* (ital.) bedeuten sowohl »Ende« als auch »Zweck« (Anm. d. Ü.).

bekommen, ohne sich in Unsicherheit oder Nachahmung zu verlieren, und daraus dann ein Wissen und ein Handeln für sich selbst und für die anderen zu schöpfen. Oft fehlt auch die Wahrnehmung dessen, was anderen Frauen widerfährt; manch eine glaubt allein zu sein, und um nicht allein zu sein, orientiert sie sich bei ihrer Selbstrepräsentation an Klischees und vorgefertigten Wünschen, das heißt, sie macht sich kleiner, als sie ist.

Der Feminismus unserer Zeit entsteht als Antwort auf diese Einsamkeit und auf dieses Fehlen von Worten. Der Rest (Rechte, Gleichheit, Forderungen usw.) ist ein Erbe aus dem neunzehnten Jahrhundert. Der Feminismus hat keine Ziele und keine Inhalte außer denen, die in der Erfahrung und in den Wünschen der Frauen enthalten sind. Und die holt der Feminismus aus der Unsichtbarkeit und dem Schweigen heraus. Damit ist seine Aufgabe zu Ende, und mein Buch auch.

P.S. In Wirklichkeit ist niemand von niemandem und nichts unabhängig. Daher können wir sagen, dass die Unabhängigkeit symbolischer Natur ist, d.h., sie besteht in Zeichen, Gesten, Beziehungen, Einverständnis, Vermittlungen, einschließlich des Konflikts, der ein besseres Übereinkommen sucht, und einschließlich des Geldes, eines Geldes, das Mittel zum Austausch von Gütern bleibt. Der wichtigste Schachzug besteht für mich, wie schon mehrmals gesagt, im Ausweichen, im Ausscheren, in meinem Dialekt des Veneto gibt es noch ein besseres Wort, *schincare*, das heißt: plötzlich ausbrechen. Es geht darum auszubrechen – mit einem Seinssprung – aus den

Bahnen der immer mächtigeren Macht, die sich vor dir aufbaut oder dich von hinten ins Visier nimmt und die Beutejäger selbst zur Beute macht. Und stattdessen zu beginnen, in der realen Welt zu leben, mit der einfachen Macht im Sinne von *machen können:* sein können und zum Sein verhelfen können, und das mit den Fähigkeiten, die wir zusammen mit dem Leben empfangen haben: genießen, leiden, denken, wünschen, und gegebenenfalls lieben.

Für diejenigen, die das nicht verstehen und eine Politik anstreben, die sie mit Wettlauf um immer mehr Macht verwechseln, möchte ich hier die Warnung der Begine und Schriftstellerin Margarete Porete weitergeben. In ihrem bisweilen rüden Ton wandte sie sich an die Kleriker ihrer Zeit: Ach, ihr Schafe! Ihr fresst das Stroh und lasst das Korn liegen. »Vous laissez le grain e prenez la paille.« (*Der Spiegel der einfachen Seelen*, Kap. 75)[53]

53 Vgl. Margarete Porete, *Der Spiegel der einfachen Seelen. Mystik der Freiheit*, hg. u. übers. von Louise Gnädinger, Kevelaer 2010, S. 125.

Zur Autorin

Luisa Muraro ist als Sechste von elf Geschwistern im Veneto geboren. Sie lebt in Mailand und ist Großmutter von zwei Jungen. Von Anfang an in der Frauenbewegung engagiert, hat sie zusammen mit anderen den Frauenbuchladen Mailand und die Philosophinnengemeinschaft Diotima an der Universität Verona, wo sie lehrte, ins Leben gerufen. Einen wichtigen Teil ihrer Studien hat sie der Frauenmystik gewidmet. Ihre intellektuelle und politische Geschichte erzählt sie in: Luisa Muraro, *Non si può insegnare tutto,* hg. von Riccardo Fanciullaci, Brescia 2013 (Dt. *Nicht alles lässt sich lehren,* Rüsselsheim 2015). Mit ihrem Buch *L'anima del corpo. Contro l'utero in affitto,* Brescia 2016, bezog sie sehr kritisch Stellung zur Leihmutterschaft. Von den Social Media hält sie sich lieber fern; sie arbeitet an der Webseite des Frauenbuchladens Mailand mit (www.libreriadelledonne.it). Unter dieser Adresse ist auf Anfrage die aktualisierte Bibliographie ihrer Schriften, zusammengestellt von Clara Jourdan, erhältlich. Auf Deutsch ist u.a. erschienen: *Die symbolische Ordnung der Mutter,* aus dem Ital. von Gesa Schröder, Frankfurt am Main, New York 1993; erweiterte Neuauflage, Rüsselsheim 2006.

Luisa Muraro im Christel Göttert Verlag

Die symbolische Ordnung der Mutter
Aus dem Italienischen
von Gesa Schröder
Erweiterte Neuauflage
ISBN: 978-3-922499-79-4

Luisa Muraro zeigt die Sinnhaftigkeit und Kraft der mütterlichen Autorität und plädiert dafür, Abhängigkeiten und Ungleichheit in den Beziehungen unter Frauen neu zu thematisieren. Ein grundlegendes Werk zum Denken der sexuellen Differenz.

Die Menge im Herzen
Aus dem Italienischen von
Traudel Sattler und
Angelika Dickmann
ISBN: 978-3-922499-53-4

Bekannt durch ihre praktische Philosophie und politische Praxis, schreibt Luisa Muraro häufig auch Artikel zu tagespolitischen Themen und Ereignissen. Sie kommentiert Leserbriefe, Skandale, lokale Meldungen, Nachrichten über Konflikte und Kriege. Sie liest die Kontexte aus den Fakten und stellt sie in ihren größeren Zusammenhang. Die kurze Meldung einer Vorstadtgeschichte verliert so ihren privaten Charakter, wird zum politischen Ereignis und zeigt am Ende weltpolitische Bedeutung. Dabei erweist sie sich als große Erzählerin, die ohne Polizei und Gesetz Ordnung schafft, aber nicht ohne die »mütterliche Beziehung«.

Nicht alles lässt sich lehren
Aus dem Italienischen von
Traudel Sattler
ISBN: 978-3-939623-57-1

Die italienische Philosophin und Feministin Luisa Muraro vermittelt in ihrem neuen Buch, wie sich persönliches Leben, die revolutionäre »philosophische Geste« und die »große« Geschichte miteinander verflechten. Sie berichtet über persönliche Erinnerungen: Kindheitserfahrungen, 68er-Bewegung, Bruch mit deren Logik, der »Sprung« in die Frauenbewegung, das Differenzdenken, Forschungsarbeit zu den Mystikerinnen. Dabei spricht Sie von der Qualität von Beziehungen, von der Lust auf Wissen, vom denkenden Denken, von weiblicher Freiheit, die die Frauen nur selbst definieren können, und von der Hoffnung auf Glück, die nie aufgegeben werden sollte.

Stärke und Gewalt
Aus dem Italienischen von
Angelika Dickmann und Gisela Jürgens
unter Mitarbeit von
Traudel Sattler
ISBN: 978-3-939623-48-9

Eine Analyse über den Gebrauch von Gewalt in einer Gesellschaft, in der vieles auf die Rückkehr des Gesetzes des Stärkeren hindeutet. Ein Nachdenken über die freie Verfügbarkeit der gesamten eigenen Stärke. Muraro regt eine Debatte an über Gerechtigkeit, Macht, Stärke und Gewalt, spricht über den Gebrauch der eigenen Kraft bis hin zur Grenze von Gewalt. Eine Debatte, die von Frauen angeführt werden sollte – denn sie kennen Gewalt auch in Zeiten des Friedens aus nächster Nähe.

Weitere Titel aus dem Verlag

Weibliche Spiritualität und politische Praxis, hg. von Mechthild M. Jansen, Ingeborg Nordmann, Antje Schrupp, ISBN: 978-3-922499-67-1 (mit einem Beitrag von Luisa Muraro über Margareta Porete, 1255-1310)

Wachsen am MEHR anderer Frauen. Vorträge über Begehren, Dankbarkeit und Politik von Dorothee Markert, ISBN: 978-3-939623-13-7 (mit einem Beitrag von Luisa Muraro)

Der Atem von Frauen. Luce Irigaray präsentiert weibliche Credos, hg. von Luce Irigaray, ISBN: 978-3-922499-30-5 (mit einem Beitrag von Luisa Muraro)

Das Patriarchat ist zu Ende. Es ist passiert – nicht aus Zufall, hg. von Libreria delle donne di Milano, ISBN: 978-3-922499-28-2 (mit dem »Roten Sottosopra«)

frauen-lehren von Angelika Dickmann, Gisela Jürgens ISBN: 978-3-922499-25-1 (mit dem »Grünen Sottosopra«)

unverbrauchte worte. Frauen und Männer in der Sprache von Chiara Zamboni, ISBN: 978-3-922499-73-2

Aus unserer kleinen philosophisch-politischen Reihe:

Weit über Gleichberechtigung hinaus ... Das Wissen der Frauenbewegung fruchtbar machen von Ina Praetorius, ISBN: 978-3-939623-18-2

Zukunft der Frauenbewegung von Antje Schrupp ISBN: 978-3-922499-75-6

ABC des guten Lebens von U. Knecht, C. Krüger, D. Markert, M. Moser, A.-C. Mulder, I. Praetorius, C. Roth, A. Schrupp, A. Trenkwalder-Egger, ISBN: 978-3-939623-40-3

Liebe zur Freiheit, Hunger nach Sinn. Flugschrift über Weiberwirtschaft und den Anfang der Politik von U. Wagener, D. Markert, A. Schrupp, A. Günter, ISBN: 978-3-922499-36-7

Mutter – Sprache – Autorität. Sprechenlernen und Weltkompetenz von Andrea Günter, ISBN: 978-3-939623-14-4

Am Herdfeuer. Aufzeichnungen einer Reise zu den matriarchalen Mosuo von Dagmar Margotsdotter-Fricke, ISBN: 978-3-939623-59-5

Familie als Beginn. Die westliche Kleinfamilie und die matriarchale Großfamilie der Mosuo in China – (k)ein Vergleich von Fricka Langhammer ISBN: 978-3-939623-53-3

Als alle Menschen Schwestern waren von Irene Fleiss, Bd. 1: *Leben in matriarchalen Gesellschaften* (ISBN: 978-3-922499-84-8),Bd. 2: *Weiblichkeit in matriarchalen Gesellschaften – gestern und heute* (ISBN: 978-3-922499-88-6)

Die Ordnung der Mutter – Wege aus dem Patriarchat. Dokumentation des Internationalen MutterGipfels 2008, hg. von Uschi Madeisky ISBN: 978-3-939623-25-0

Starke Mütter verändern die Welt. Was schiefläuft und wie wir Gutes Leben für alle erreichen von Kirsten Armbruster, ISBN: 978-3-922499-97-8

Gute Tochter – Böse Tochter? Die Mutter-Tochter-Beziehung im Spannungsfeld der Demenz von Edith Marmon, ISBN: 978-3-939623-66-3

Die Sprache unsrer Ursprungs-Mutter MA. Die Entwicklung des Frauenbildes in 40 000 Jahren globaler »Venus«-Kunst von Annine van der Meer ISBN: 978-3-939623-60-1

Filme:

Matriarchat der Mosuo. Bilder eingefangen auf einer Forschungsreise der Akademie HAGIA nach Südchina im April 1993 von Heide Göttner-Abendroth, DVD, ISBN: 978-3-939623-19-9

Wo die freien Frauen wohnen. Vom Matriarchat der Mosuo von Uschi Madeisky, Dagmar Margotsdotter, Daniela Parr, DVD ISBN: 978-3-939623-51-9

Mutterland. Das Matriarchat der Minangkabau von Uschi Madeisky, Dagmar Margotsdotter, DVD, ISBN: 978-3-939623-71-7

Matriarchate weltweit von Uschi Madeisky, Dagmar Margotsdotter, Daniela Parr, DVD, ISBN: 978-3-939623-70-0

Weitere Infos zum Programm unter www.christel-goettert-verlag.de